Abhandlungen

des

kriminalistischen Seminars

an der Universität Berlin.

Herausgegeben

von

Dr. Franz v. Liszt,

ord. Professor der Rechte zu Berlin.

Neue Folge. Zweiter Band. 4. Heft.

Lorenz Brütt: Das Koalitionsrecht der Arbeiter in Deutschland und seine Reformbedürftigkeit.

Berlin 1903.

J. Guttentag, Verlagsbuchhandlung,

G. m. b. H.

Das Koalitionsrecht der Arbeiter in Deutschland und seine Reformbedürftigkeit.

Von

Dr. jur. Lorenz Brütt,
Referendar in Berlin.

Berlin 1903.
J. Guttentag, Verlagsbuchhandlung,
G. m. b. H.

Herrn

Dr. jur. Karl Neubecker,

Privat-Dozent der Rechte

an der Kgl. Friedrich Wilhelms-Universität zu Berlin

in alter Freundschaft gewidmet

vom

Verfasser.

Inhaltsverzeichnis.

Das Koalitionsrecht der Arbeiter in Deutschland und seine Reformbedürftigkeit.[1]

§ 1.

Historische Einleitung.

Kein Jahrhundert hat eine ähnliche Umgestaltung aller Lebensverhältnisse gesehen, wie das 19. Infolge des gewaltigen Aufschwunges der Naturwissenschaften und der Technik hat sich Industrie, Handel und Verkehr von Grund aus geändert:

[1]) Siehe in dem Handwörterbuch der Staatswissenschaften, 2. Aufl., Jena 1898 ff., den Artikel von Stieda, „Koalition und Koalitionsverbote", Band V, S. 120—131, und die verschiedenen Artikel über „Gewerkvereine" von Brentano, Kulemann, Herkner, Mahain und Sartorius v. Waltershausen, Band IV, S. 611—715, und die Artikel über „Arbeitseinstellungen" von Stieda, Oldenberg, Mataja, Soetbeer, Biermer, Bücher und Sering, Band I, S. 730 bis 858. Ferner W. Sombart, „Sozialismus und soziale Bewegung im 19. Jahrhundert", 4. Aufl., Jena 1901 und „Dennoch! Aus Theorie und Geschichte der gewerkschaftlichen Arbeiterbewegung", Jena 1900. W. Kulemann, „Die Gewerkschaftsbewegung. Darstellung der gewerkschaftlichen Organisation der Arbeiter und Arbeitgeber aller Länder", Jena 1900. J. Schmöle, „Die sozialdemokratischen Gewerkschaften in Deutschland seit dem Erlasse des Sozialistengesetzes. I. Teil", Jena 1896. C. Legien, „Das Koalitionsrecht der deutschen Arbeiter in Theorie und Praxis", Hamburg 1899. Löwenfeld, „Koalitionsrecht und Strafrecht" im Archiv für soziale Gesetzgebung und Statistik, Bd. 14, S. 471 ff. van der Borght, „Die Weiterbildung des Koalitionsrechts der gewerblichen Arbeiter in Deutschland", Berlin 1899. O. Goldschmidt, „Das Koalitionsrecht der Arbeiter" in den Annalen des Deutschen Reiches für Gesetzgebung, Verwaltung und Volkswirtschaft, Bd. 34, S. 322 ff.

die ganze Volkswirtschaft zeigt ein völlig verändertes Bild.[1]) Früher herrschte das Handwerk und die Hausmanufaktur vor, heute sind diese mehr zurückgedrängt, die Fabrik hält die herrschende Stellung inne. Wo früher Segelschiff und Postkutsche den Verkehr vermittelten, sind Dampferlinien und Eisenbahnen an ihre Stelle getreten. Durch diese Erweiterung des Großbetriebes ist eine wesentliche Abwandlung in der sozialen Schichtung eingetreten.

Die modernen Großbetriebe setzen eine gewaltige Kapitalmenge voraus, die der unbemittelte Arbeiter weder selbst besitzt, noch sich durch Kredit verschaffen kann. Die Folge ist, daß nur wenige kapitalstarke Persönlichkeiten es wagen können, ein derartiges Unternehmen zu begründen. Die unbemittelten Arbeiter sehen sich gezwungen, dem Unternehmer ihrerseits ihre Arbeitskraft zu verkaufen, ohne je damit rechnen zu können, selber einmal sich zum Unternehmer aufzuschwingen. Dadurch wird der Klassengegensatz zwischen dem kapitalstarken Unternehmer und dem mittellosen Arbeiter ein viel größerer, als er je zwischen dem Handwerksmeister und seinem Gesellen gewesen ist; denn letzterer durfte doch damit rechnen, selber einmal Meister zu werden.

Der Arbeiter erhält vom Unternehmer für seine Leistung den bedungenen Lohn, einen Anteil am Arbeitsprodukt erlangt er dagegen nicht. Es besteht also zwischen beiden Gruppen ein tiefgreifender Interessengegensatz. Der Arbeiter hat das größte Interesse an hohen Löhnen, während er von hohen Preisen der Waren gar keinen Vorteil, ja, wenn er selber Konsument derselben ist, sogar Nachteil hat. Umgekehrt muß es dem Unternehmer daran liegen, die Löhne niedrig zu halten und die Warenpreise in die Höhe zu treiben. Da hier wie überall freie Konkurrenz herrscht, so wird die Höhe des Arbeitslohns durch Angebot und Nachfrage bestimmt. Um diesen Interessenkampf erfolgreich bestehen zu können, ist der einzelne

---

[1]) W. Sombart, „Die deutsche Volkswirtschaft im 19. Jahrhundert", Berlin 1903, und das kleine Buch von O. Bähr, „Eine deutsche Stadt vor 60 Jahren", 2. Aufl., Leipzig 1886.

Arbeiter viel zu schwach, hierzu bedarf es der Koalition, ohne diese ist die freie Konkurrenz für den Arbeiter ein Hohn.[1])

Was vermag der einzelne Arbeiter gegenüber dem kapitalstarken Unternehmer? Er muß mit dem Lohne, den ihm der Unternehmer zu geben geruht, vorlieb nehmen. Denn es würde ihm nichts helfen, wenn er die Arbeit niederläge, seine Ersparnisse wären bald dahin und sein Platz von einem anderen Arbeiter besetzt. Anders liegt die Sache, wenn die Arbeiter derselben Branche in einem bestimmten Wirtschaftsgebiet sich verbinden: sie können einen erfolgreichen Druck auf den Unternehmer ausüben, wenn sie ihre Arbeit gemeinsam einstellen und wenn sie es durchsetzen, daß ihre Stelle nicht wieder von anderen Arbeitern besetzt wird. Während der Arbeitseinstellung müssen sie deshalb nicht nur sich selbst, sondern auch diejenigen, welche auf die Stelle der Streikenden reflektieren, aber die Arbeit aus Sympathie mit den Streikenden nicht antreten, soweit unterhalten, als sie dazu nicht selbst infolge anderweitiger Arbeit im stande sind. Es muß deshalb die Aufgabe der Koalitionen sein, zur rechten Zeit für einen ausreichenden Streikfonds zu sorgen. Von ihrer finanziellen Stärke und ihrem Solidaritätsgefühl wird der Streikerfolg der Arbeiter im wesentlichen abhängen.

In diesem ihrem wehrhaften Charakter liegt die Hauptbedeutung der Arbeiterkoalitionen oder Gewerkvereine (Trade Unions, syndicats ouvriers). Daneben verfolgen sie auch, namentlich in England, friedliche Ziele. Sie vermitteln den Arbeitsnachweis und gewähren Reiseunterstützung zur Aufsuchung von Arbeit; auch leisten sie ihren Mitgliedern Rechtshülfe. Sie suchen überhaupt auf alle Weise die soziale und wirtschaftliche Lage der Arbeiter zu verbessern. Zu diesem Zwecke richten sie oft nach Art der Konsumvereine Läden ein, wo ihre Mitglieder zu billigen Preisen gute Waren erhalten. Eine besondere Hervorhebung verdienen die Produktiv-Genossenschaften: sie kämpfen nicht nur für die Klasseninteressen der Arbeiter, sie

---

[1]) Siehe G. Schmoller, „Arbeitereinstellungen und Gewerkvereine“ in Conrads Jahrbüchern für Nationalökonomie und Statistik, Bd. 19, S. 293 ff.

machen ihn selbst zum Unternehmer. Jedoch haben dieselben keine große Verbreitung erfahren, da es den Arbeitern regelmäßig an Kapital und auch an Kredit gebricht.

Die Entwicklung der modernen Gewerkvereine ist eine verhältnismäßig junge. — Zwar gab es, vom Ende des Mittelalters bis ins 18. Jahrhundert, namentlich in Deutschland und Frankreich Gesellenvereine (Compagnonnages), welche sich einer straffen Organisation erfreuten und meist mehr oder weniger verboten, trotzdem im gewerblichen Leben jener Zeit eine große Rolle spielten.[1]) Jedoch läßt sich ein Zusammenhang zwischen den alten Gesellenvereinen und den modernen Gewerkvereinen mit wenigen Ausnahmen nicht nachweisen. Die Gewerkvereine haben mit der mittelalterlichen Körperschaftsbildung nichts zu tun, sie sind recht eigentlich ein Produkt der modernen großkapitalistischen Wirtschaftsordnung.

Es hat lange gedauert, bis sich die Gewerkvereine eine gesicherte Rechtsposition erkämpft hatten. Die meisten Staaten haben erst in der Mitte des 19. Jahrhunderts das Koalitionsrecht den Arbeitern gewährt.

Die Vereinigten Staaten von Amerika sind der erste Staat gewesen, welcher ein unbeschränktes Koalitionsrecht einführte. Dasselbe wurde schon durch die Verfassung von 1789 gewährleistet.

Dagegen hat Frankreich während der Revolution von 1789 zwar für politische Vereine und Versammlungen schrankenlose Freiheit gewährt, die Berufsvereine aber durch Gesetz vom 14. Juni 1791 bei Strafe untersagt. Auch diese Tatsache zeigt so recht, daß die Revolution von 1789 einen durchaus bürgerlichen individualistischen Charakter an sich trug, daß ihr aber sozialistische Ideen im heutigen Sinne nach völlig fernlagen. Das napoleonische Kaisertum unterwarf alle Vereine und Versammlungen der polizeilichen Willkür, ein Rechtszustand, der 1848—52 vorübergehend unterbrochen wurde. Während dieser

---

[1]) Siehe die Artikel „Die Gesellenverbände in Deutschland" und „Die Gesellenverbände in Frankreich" von Bruno Schönlank im Handwörterbuch der Staatswissenschaften, Bd. IV, S. 182—199.

ganzen Periode wurde gegen die Arbeiter-Berufsvereine als solche aufs schärfste eingeschritten, während die Unternehmer-Verbände stillschweigend geduldet wurden. Erst durch Gesetz vom 25. Mai 1864 wurde das Koalitionsrecht im Prinzip anerkannt, durch Gesetz vom 21. März 1884 wurde die gesamte Materie im einzelnen geregelt.

England hat sich in seinem Common law im wesentlichen die altgermanische Vereinsfreiheit bewahrt. Nachdem aber schon im Laufe des 18. Jahrhunderts Koalitionsverbote gegen einzelne Gewerbe erlassen worden waren, ging die Gesetzgebung unter dem Einfluß der großen französischen Revolution energischer gegen die Berufsvereine vor. Im Jahre 1800 wurden sogar alle Verabredungen, Versammlungen und Vereine von Lohnarbeitern zum Zwecke, eine Lohnaufbesserung herbeizuführen, mit Zuchthaus bedroht, während die Unternehmer nur Geldstrafe traf.

Diese Bestimmungen waren um so härter, als sich England zu jener Zeit bereits in einem industriell verhältnismäßig weit vorgeschrittenen Stadium befand. Der energischen Agitation von Francis Place gelang es, das Gesetz vom Jahre 1824 durchzusetzen, wonach Vereine, welche bessere Löhne und kürzere Arbeitszeit erkämpfen, gestattet wurden. Jedoch hatten die Gewerkvereine zunächst noch mit der Antipathie der öffentlichen Meinung zu kämpfen, da die Arbeiter sich infolge der Chartistenbewegung in den 30er und 40er Jahren manche Ausschreitungen zu schulden kommen ließen. Erst nach dieser Periode kam die Arbeiterbewegung in ein ruhigeres Fahrwasser. Vor allem ließen es sich die Gewerkvereine angelegen sein, nicht nur für den Streik zu rüsten, sondern sie suchten auch auf friedliche Weise die Lage der Arbeiter zu verbessern, indem sie namentlich das Versicherungswesen in großartigem Maßstabe entwickelten. Sowohl was straffe Organisation und Solidaritätsgefühl, als auch insbesondere was die finanzielle Kraft anlangt, überragen die englischen Trade unions die kontinentalen Gewerkvereine bei weitem. Im Jahre 1871 und 1875 fielen in England die letzten Reste des Koalitionsverbotes.

Was Deutschland angeht, so war vor 1867 das Koalitionsrecht fast überall unbekannt, die Verbindungen der Arbeiter wurden mit kriminellen Strafen bedroht, so in Preußen durch die Gewerbeordnung vom 17. Januar 1845 (Gesetzblatt von 1845 Seite 41 ff. §§ 181 bis 183).[1])

Nur Sachsen, das von allen deutschen Staaten industriell am weitesten vorgeschritten war, hatte bereits im Jahre 1867 das Koalitionsrecht bei sich eingeführt.

Als 1864 dieses Recht, wie schon erwähnt, in Frankreich eingeführt war, machte sich auch in Deutschland ein Strömung zu diesbezüglichen Reformen geltend. Es war dies gerade die Zeit, als durch Lassalle die erste Arbeiterbewegung in Deutschland ins Leben gerufen wurde. Im Jahre 1865 wurde die Aufhebung des Koalitionsverbotes auf Antrag von Schulze-Delitzsch vom Preußischen Abgeordnetenhause angenommen und im folgenden Jahre ein ähnlicher Gesetzentwurf von der Regierung dem Hause vorgelegt, der aber nicht mehr zur Erledigung kam.

Erst durch die Gewerbeordnung vom 21. Juni 1869 wurde die Koalitionsfreiheit in ganz Norddeutschland eingeführt und nach Begründung des Deutschen Reiches auch in ganz Süd-

---

[1]) § 181. Gewerbetreibende, welche ihre Gehilfen, Gesellen oder Arbeiter oder die Obrigkeit zu gewissen Handlungen oder Zugeständnissen dadurch zu bestimmen suchen, daß sie sich miteinander verabreden, die Ausübung des Gewerbes einzustellen oder die ihren Anforderungen nicht nachgebenden Gehilfen, Gesellen oder Arbeiter zu entlassen oder zurückzuweisen, ingleichen diejenigen, welche zu einer solchen Verabredung andere auffordern, sollen mit Gefängnis bis zu einem Jahre bestraft werden.

§ 182. Gehilfen, Gesellen oder Fabrikarbeiter, welche entweder die Gewerbetreibenden selbst oder die Obrigkeit zu gewissen Handlungen oder Zugeständnissen dadurch zu bestimmen suchen, daß sie die Einstellung der Arbeit oder die Verhinderung derselben bei einzelnen oder mehreren Gewerbetreibenden verabreden, oder zu einer solchen Verabredung andere auffordern, sollen mit Gefängnis bis zu einem Jahre bestraft werden.

Diese Bestimmung ist auch anzuwenden auf Arbeiter, welche bei Berg- und Hüttenwerken, Landstraßen, Eisenbahnen, Festungsbauten und anderen öffentlichen Anlagen beschäftigt sind.

§ 183. Die Bildung von Verbindungen unter Fabrikarbeitern, Gesellen, Gehilfen oder Lehrlingen, ohne polizeiliche Erlaubnis, ist, sofern nach den Kriminalgesetzen keine härtere Strafe eintritt, an den Stiftern und Vorstehern mit Geldbuße bis zu fünfzig Talern oder Gefängnis bis zu vier Wochen, an den übrigen Teilnehmern mit Geldbuße bis zu zwanzig Talern oder Gefängnis bis zu vierzehn Tagen zu ahnden.

deutschland. Mit dem Aufschwunge der Industrie entwickelten sich die Gewerkvereine bald beträchtlich. Es wurde im Jahre 1868 zugleich von drei Seiten mit der Bildung von Arbeiterberufsvereinen begonnen. Die Anhänger der Internationalen Arbeiter-Assoziation, Bebel und Liebknecht, welche sich im nächsten Jahre als sogenannte Eisenacher Ehrliche konstituierten, gründeten Marxistische Arbeiterverbände, zugleich begann v. Schweitzer, der Erbe Lassalles und Diktator des Allgemeinen Deutschen Arbeiter-Vereins, Gewerkschaften ins Leben zu rufen. Im teilweisen scharfen Kampfe mit ihm fing Max Hirsch in Gemeinschaft mit einigen anderen fortschrittlichen Abgeordneten an, nach Muster der englischen Trade unions Gewerkvereine zu gründen. Infolge des unglücklichen Waldenburger Streiks verloren sie sehr an Bedeutung. Nachdem sich die Lassalleaner und Marxisten im Jahre 1875 zu sozialdemokratischen Partei verschmolzen hatten, hatten die freisinnigen Hirsch-Dunkerschen Gewerkvereine einen doppelt schwierigen Stand gegenüber den sozialdemokratischen Gewerkschaften.

Schwer litt die Gewerkschaftsbewegung durch das von 1878—1890 in Geltung gewesene Sozialistengesetz, wonach Vereine und Verbindungen jeder Art verboten werden konnten, welche durch sozialdemokratische, sozialistische oder kommunistische Bestrebungen den Umsturz der bestehenden Staats- oder Gesellschaftsordnung bezwecken, oder in denen solche Bestrebungen in einer den öffentlichen Frieden, insbesondere die Eintracht der Bevölkerungsklassen, gefährdenden Weise zu Tage treten. Auf Grund dieser Bestimmung wurden die meisten sozialdemokratischen Gewerkschaften aufgelöst oder sie lösten sich selbst auf, um der Beschlagnahme ihres Vermögens zuvorzukommen. Erst gegen die Mitte der 80er Jahre fingen die Gewerkschaften von neuem an, sich zu organisieren, indem sie sich, um dem Sozialistengesetz zu entgehen, nach Möglichkeit politisch indifferent verhielten. Vom Jahre 1890 an nahm die Gewerkschaftsbewegung einen neuen Aufschwung. Nicht nur die Hirsch-Dunkerschen Gewerkvereine und die sozialistischen Gewerkschaften nahmen erheblich an Mitgliederzahl zu: es wurden auch neue Verbände gegründet, so die katholischen und evangelischen **Arbeiter-** und Gesellenvereine, ferner die christlich-sozialen **Gewerkvereine** und die reichstreuen Bergarbeitervereine in **Waldenburg.** Zur Zeit ist die Mitgliederzahl etwa folgende:

Sozialistische	500 000
Hirsch-Dunckersche	100 000
Christlich-soziale	100 000
Evangelische	90 000
Katholische	50 000
Reichstreue	10 000
zusammen	850 000

§ 2.

Die verwaltungsrechtliche Stellung der Berufsvereine.

Das Koalitionsrecht der gewerblichen Unternehmer und Arbeiter wird durch den § 152 Absatz 1 der Gewerbeordnung reichsrechtlich garantiert.[1]) Derselbe lautet wie folgt:

„Alle Verbote und Strafbestimmungen gegen Gewerbetreibende, gewerbliche Gehilfen, Gesellen oder Fabrikarbeiter wegen Verabredungen und Vereinigungen zum Behufe der Erlangung günstiger Lohn- und Arbeitsbedingungen, insbesondere mittels Einstellung der Arbeit oder Entlassung der Arbeiter werden aufgehoben."

Durch diese Bestimmung ist das Prinzip der Gewerbefreiheit auch für die Berufsvereine der gewerblichen Arbeitgeber, wie Arbeitnehmer zur Wahrheit geworden. Der § 152 der Gewerbeordnung ist die magna charta des modernen Lohnarbeiters, das ist vielfach verkannt worden: man hat, gestützt auf den Wortlaut, angenommen, der § 152 der Gewerbeordnung verschaffe den Arbeitern kein Recht, sondern gewähre ihnen nur ein strafrechtliches Privileg dergestalt, daß etwas, was an sich rechtswidrig wäre, ausnahmsweise straffrei bleiben solle,

---

[1]) Siehe hierzu v. Landmann, „Die Gewerbeordnung für das Deutsche Reich", 3. Auflage, München 1897, Band II, S. 463 ff., und Stenglein, „Die strafrechtlichen Nebengesetze des Deutschen Reiches", 3. Auflage, Berlin 1903, S. 920 ff.

wie z. B. der Diebstahl unter Ehegatten. Es geht aber aus den Erklärungen sowohl der Regierungsvertreter als der Abgeordneten aller Parteien gelegentlich der Beratung der Gewerbeordnung im Reichstage zur Evidenz hervor, daß man durchaus an kein strafrechtliches Privilegium gedacht hat, daß man vielmehr nur beabsichtigte, das gewerbliche Koalitionsrecht als notwendiges Glied in der Kette der modernen Wirtschaftsordnung reichsrechtlich sicherzustellen. Die negative Ausdrucksweise ist nur gewählt, um darüber keinen Zweifel zu lassen, daß entgegenstehende landesgesetzliche Bestimmungen aufgehoben sind. Es ist daher nicht zulässig, den § 152 Absatz 1 der Gewerbeordnung restriktiv zu interpretieren.[1])

Was den subjektiven Umfang des Rechts anlangt, so erstreckt sich dasselbe nur auf diejenigen Arbeiter, auf welche die Gewerbeordnung überhaupt Anwendung findet und auf die im § 154[a] Absatz 1 der Gewerbeordnung aufgezählten Kategorien von Arbeitern, nämlich auf die in Bergwerken, Salinen, Aufbereitungsanstalten und unterirdisch betriebenen Brüchen oder Gruben beschäftigten Arbeiter. Unter die auf Grund des § 152 der Gewerbeordnung Berechtigten sind demnach die Seeleute nicht zu begreifen, wohl aber die auf Flußschiffen Angestellten und fernerhin nicht die Eisenbahnangestellten, soweit sie im eigentlichen Betriebe nicht bloß in den Werkstätten beschäftigt sind; auch das Gesinde und die landwirtschaftlichen Arbeiter werden nicht durch § 152 der Gewerbeordnung geschützt.

Für die erwähnten Kategorien gilt Landesrecht, welches teilweise ein vollständiges Koalitionsverbot kennt: so bestimmt z. B. das Preußische Gesetz vom 24. April 1854 (Gesetzsammlung von 1854 Seite 215) im § 3 folgendes:

„Gesinde, Schiffsknechte, Dienstleute oder Handarbeiter der § 2 a. b. c. d. bezeichneten Art, welche die Arbeitgeber oder die Obrigkeit zu gewissen Handlungen oder Zugeständnissen

---

[1]) Ebenso W. Heinemann, „Zur Behandlung der Streikvergehen in der deutschen Gesetzgebung und Rechtsprechung", Berlin 1900, S. 150, in der Festschrift für Wilcke und in dem Aufsatz „Die rechtliche Natur des Streiks", Deutsche Juristenzeitung, Band VII, S. 113 ff. Dagegen Reichsgerichts-Entscheidung in Strafsachen, Band 20, S. 70 (Urteil vom 3. Dezember 1889).

dadurch zu bestimmen suchen, daß sie die Einstellung der Arbeit oder die Verhinderung derselben bei einzelnen oder mehreren Arbeitgebern verabreden oder zu einer solchen Verabredung Andere auffordern, haben Gefängnisstrafen bis zu einem Jahre verwirkt."

Das Koalitionsverbot besteht also nur für die Arbeiter, während die Unternehmer sich ungestraft zur Erzwingung günstigerer Lohnbedingungen verbinden dürfen. Bezüglich der auf Binnenschiffen angestellten Schiffsknechte ist die Strafbestimmung durch § 152 der Gewerbeordnung abgeschafft, im übrigen besteht das Koalitionsverbot noch heute in den alten Provinzen Preußens, mit Ausnahme von Hohenzollern. Seine Giltigkeit ist freilich vielfach, so von Buchka in der deutschen Juristenzeitung Band V Seite 310, in Zweifel gezogen worden. Er führt aus, das landesgesetzliche Koalitionsverbot greife in unzulässiger Weise in die vom Strafgesetzbuche geregelte Materie der widerrechtlichen Nötigung ein. Die Nötigung sei ein Eingriff in die persönliche Freiheit durch die Erzwingung der Vornahme, Duldung oder Unterlassung einer bestimmten Handlung. Ein solcher Eingriff sei nach dem Strafgesetzbuch nur strafbar, wenn er widerrechtlich erfolge und wenn zu seiner Ausführung das Mittel der Gewalt oder der Bedrohung mit einem Verbrechen oder Vergehen angewendet werde. Ebenso richte sich auch das hier in Rede stehende landesgesetzliche Koalitionsverbot gegen die rechtswidrige Erzwingung eines bestimmten Verhaltens des Arbeitgebers in Bezug auf das zwischen ihm und den Arbeitern bestehende Kontraktverhältnis. Das Verbot stelle aber über das Strafgesetzbuch hinausgehend bereits eine bestimmte Vorbereitungshandlung, nämlich die Verabredung der Einstellung oder Verhinderung der Arbeit, unter Strafe und charakterisiere sich mithin als eine nach § 2 des Einführungsgesetzes zum Strafgesetzbuch unzulässige Ergänzung des Reichsstrafrechts, welches zwar schon den Versuch der Nötigung, nicht aber auch die zum Zwecke derselben vorgenommenen Vorbereitungshandlung für strafbar erkläre.

Ebenso meint Heinemann im Sozialpolitischen Zentralblatt Band XII Seite 715, das in den §§ 181 und 182 der

Preußischen Gewerbeordnung vom 17. Januar 1845 enthaltene Koalitionsverbot sei bezüglich der Eisenbahnunternehmer und der Eisenbahnangestellten, überhaupt bezüglich aller Gewerbetreibenden und Arbeiter, auf welche nicht schon § 152 der Gewerbeordnung Anwendung finde, durch § 240 des Strafgesetzbuches in Verbindung mit § 2 des Einführungsgesetzes zum Strafgesetzbuch abgeschafft.

Bei dieser Deduktion wird jedoch übersehen, daß es trotz der durch das Reichsrecht erfolgten erschöpfenden Regelung der gegen die Freiheit der Entschließung gerichteten Delikte, dem Landesrecht nicht verwehrt ist, aus einem anderen Gesichtspunkte die Koalitionen der nicht durch § 152 der Gewerbeordnung geschützten Unternehmer und ihrer Arbeiter zu verbieten. Da unbestrittenerweise das Landesrecht bezüglich der Vereine zuständig ist, so kann es, wie alle anderen Vereine, so auch solche, welche bessere Lohnbedingungen erstreiten wollen, regeln, also auch verbieten. Ein Verein kann sich nicht dadurch vom Landesrecht emanzipieren, daß er eine Handlung bezweckt, welche vom Reichsrecht im Sinne der Straflosigkeit geregelt ist (ebenso Kammergericht bei Johow Band 17 Seite 454).

Es mag noch hervorgehoben werden, daß § 152 selbstverständlich auf Beamte sich nicht erstreckt, daß vielmehr für die Berufsvereine der Beamten das Landesrecht gilt; denn diese stehen nicht in einem privatrechtlichen Vertragsverhältnis, sondern in einer öffentlich-rechtlichen Abhängigkeit zum Staate oder zu einer anderen öffentlich-rechtlichen Korporation. Dieser Unterschied zwischen Beamten und Privatangestellten wird bei großen Staatsbetrieben, wie es die Eisenbahnunternehmen sind, von großer Bedeutung; während die Beamten der Disziplinargewalt des Staates unterliegen und daher auch bezüglich ihrer Vereinstätigkeit sich die Beschränkungen auferlegen müssen, welche ihre Stellung als Beamter erheischt, haben die Privatangestellten prinzipiell ein ebenso unbeschränktes Koalitionsrecht, wie die bei privaten Unternehmern Angestellten. Da freilich der Eisenbahnfiskus ein mehr oder weniger großes natürliches Monopol besitzt, so kann er allerdings das Koalitionsrecht leicht illusorisch machen, wenn er den Arbeitern, die Mitglied einer Gewerkschaft sind, kündigt.

Dagegen greift § 152 der Gewerbeordnung Platz auch bei denjenigen Angestellten, welche Dienste höherer Art zu leisten haben, wie Werkmeister und Techniker, ja sogar bei den Betriebsleitern und anderen Privatbeamten. Bei letzteren hat das Koalitionsrecht naturgemäß keine große Bedeutung erlangt, am wichtigsten wird es stets für die großen Massen der Handarbeiter bleiben.

Was den objektiven Umfang des Koalitionsrechts angeht, so erstreckt sich § 152 der Gewerbeordnung nicht auf alle Berufsvereine, sondern nur auf solche, welche die Erlangung günstiger Lohn- und Arbeitsbedingungen erstreben. Es fallen also alle Gewerkvereine unter § 152, welche auf friedlichem Wege durch Arbeitsnachweis, Rechtshülfe bezüglich des Arbeitsverhältnisses, durch Reiseunterstützung zwecks Erlangung von Arbeit bessere Lohnbedingungen erzielen wollen.

Von den wehrhaften Organisationen werden nur diejenigen, welche Lohnstreiks, nicht aber die, welche Machtstreiks in Szene setzen, von § 152 der Gewerbeordnung gedeckt. Dagegen gehören auch solche Verbände hierher, welche nicht bessere Bedingungen erstreben, sondern nur verhindern wollen, daß schlechtere Zustände eintreten; denn in dem ersteren Größeren liegt auch das zweite Kleinere (ebenso Urteil des Oberlandesgerichts Hamburg vom 25. Juli 1888. Goltdammers Archiv Band 37 Seite 241).

Soweit § 152 der Gewerbeordnung nicht Platz greift, sind die allgemeinen Grundsätze über Vereine und Versammlungen zur Anwendung zu bringen. Da das in Artikel 4 Ziffer 16 der Reichsverfassung versprochene Reichsvereinsgesetz noch nicht erschienen ist, so kommen im wesentlichen die einzelstaatlichen Normen über Vereine und Versammlungen in Betracht. Abgesehen von einigen Bestimmungen des Reichstagswahlgesetzes vom 31. Mai 1869 und des Reichsmilitärgesetzes vom 2. Mai 1874 und den §§ 128 und 129 des Strafgesetzbuches, welche hier nicht interessieren, ist von vereins- und versammlungsrechtlichen Normen des Reichsrechts nur das Gesetz vom 11. Dezember 1899 hervorzuheben, wonach landesgesetzliche Bestimmungen, daß Vereine irgend welcher Art nicht miteinander in Verbindung treten dürfen, aufgehoben werden.

Das Vereins- und Versammlungsrecht der deutschen Einzelstaaten bietet ein buntscheckiges Bild.[1]) Man kann im wesentlichen drei Systeme unterscheiden: das Konzessions-, das Präventiv- und das Repressiv-System.

Nach dem ersten System bedürfen die Vereine und Versammlungen einer polizeilichen Erlaubnis, nach dem zweiten System ist zwar eine Erlaubnis nicht notwendig, jedoch können die Vereine und Versammlungen verboten werden, wenn Gefahr besteht, daß Rechtsverletzungen begangen werden oder die öffentliche Ruhe, Sicherheit und Ordnung gefährdet werden könnte. Beim Repressivsystem ist ein Einschreiten erst dann gestattet, wenn Rechtsverletzungen bereits erfolgt sind.

Was das Vereinsrecht anlangt, so gilt das Konzessionssystem in Elsaß-Lothringen und bezüglich der nichtpolitischen Vereine in Reuß ä. L., während die politischen Vereine dort überhaupt verboten sind. Dem Präventivsystem sind alle diejenigen Staaten zuzurechnen, in denen der Bundesbeschluß vom 13. Juli 1854 publiziert worden ist, wonach Vereine, deren Zweck mit der Bundes- und Landesgesetzgebung nicht im Einklang stehen und die öffentliche Ordnung und Sicherheit gefährden, nicht geduldet werden dürfen, so in Hessen, Oldenburg, Braunschweig, Altenburg, Waldeck, Schaumburg, den beiden Schwarzburg. Ferner sind in Sachsen Vereine verboten, deren Zweck es ist, Gesetzesübertretungen oder unsittliche Handlungen zu begehen, dazu aufzufordern oder geneigt zu machen, in Bayern solche, welche die religiösen, sittlichen oder gesellschaftlichen Grundlagen des Staates zu untergraben drohen, in Baden solche Vereine, welche der Sittlichkeit zuwiderlaufen, in Hamburg solche, welche mit den Staatsgesetzen oder der gesellschaftlichen Ordnung im Widerspruch stehen.

---

[1]) Siehe Ollendorf, „Zur reichsrechtlichen Regelung des Vereinsrechts", Deutsche Juristenzeitung, Band 8, S. 91 und die von der Expedition des „Vorwärts" in Berlin herausgegebene Zusammenstellung des Vereins- und Versammlungsrechts in Deutschland, Berlin 1892.

Das Repressivsystem gilt in Preußen, Württemberg und den noch nicht erwähnten Staaten.

Vielfach sind Frauen, Minderjährige, Schüler und Lehrlinge von politischen Vereinen ausgeschlossen, z. B. in Preußen, Bayern, Braunschweig. Vor dem Inkrafttreten des Gesetzes vom 11. Dezember 1899 war es im größten Teile Deutschlands den politischen Vereinen überhaupt nicht oder doch nur mit behördlicher Genehmigung gestattet, miteinander in Verbindung zu treten.

Was das Versammlungsrecht betrifft, so gilt das Konzessionssystem in Elsaß-Lothringen und den beiden Mecklenburg. Im Königreich Sachsen, in Altenburg, Hamburg, Reuß ä. L. und anderen Staaten können Versammlungen bei dringender Gefahr für die öffentliche Sicherheit und Ordnung verboten werden. In Preußen, Bayern, Württemberg, Baden und den meisten Kleinstaaten gilt das Repressivsystem.

Eine besondere Hervorhebung verdient Preußen als der größte Einzelstaat: es gilt hier die Verordnung vom 11. März 1850. In Übereinstimmung mit den Artikeln 29 und 30 der Verfassung bedürfen Vereine sowie Versammlungen Unbewaffneter in geschlossenen Räumen keiner Genehmigung. Die Anzeige genügt, eine Auflösung darf nur erfolgen, wenn gesetzwidrige Handlungen geschehen sind (siehe im einzelnen §§ 1—7 l. c.). Einer besonderen Beschränkung sind solche Vereine unterworfen, welche bezwecken, politische Gegenstände in Versammlungen zu erörtern (§ 8 l. c.). Diese dürfen keine Frauenspersonen, Schüler und Lehrlinge als Mitglieder aufnehmen und auch nicht in ihren Versammlungen dulden. Bei Verletzung dieser Vorschrift kann neben Strafe auf Schließung des Vereins erkannt werden. Es muß darauf erkannt werden, wenn Vorsteher, Ordner oder Leiter sich wiederholt strafbar gemacht haben. Früher, d. h. bis 1899, war es solchen politischen Vereinen auch verboten, miteinander in Verbindung zu treten, eine Vorschrift, durch welche viele Vereine der Auflösung anheimfielen.

Besondere Schwierigkeit macht das Verhältnis des § 152 der Gewerbeordnung zu den landesrechtlichen Beschränkungen politischer Vereine.[1]) Man muß hierbei zwei Fragen auseinanderhalten: einmal gilt es, festzustellen, welche Vereine durch § 152 der Gewerbeordnung gedeckt werden; verschieden hiervon ist die Frage, welche Vereine als politische im Sinne der Landesgesetze anzusehen sind. Es ist möglich, daß ein Verein. wenn das betreffende Landesrecht den Begriff politisch sehr weit ausdehnt, als ein politischer anzusehen ist, gleichwohl aber noch in den Rahmen des § 152 der Gewerbeordnung hineinfällt. In diesem Falle darf, da Reichsrecht dem Landesrecht vorgeht, weder die Existenz des Vereins in Frage gestellt werden, noch auch ihm bezüglich seines Verhaltens Beschränkungen auferlegt werden, er darf also auch Frauen und Minderjährige als Mitglieder aufnehmen, er durfte schon immer, nicht erst seit 1899, mit anderen Vereinen in Verbindung treten.

Nach der herrschenden Judikatur[2]) soll ein Arbeiterberufsverein nur dann durch § 152 geschützt sein, wenn er die Verbesserung konkreter Arbeitsbedingungen bezweckt, er soll aber den landesrechtlichen Beschränkungen in dem Augenblick verfallen, wenn er durch Einwirkung auf die Gesetzgebung oder Verwaltung die soziale Lage der Arbeiter gegenüber den Unternehmern zu stärken sucht, wenn er z. B. gelegentlich einmal über eine Frage der Arbeiterschutzgesetzgebung debattiert oder gar eine Petition in dieser Frage an den Reichstag richtet. In Preußen sind daher oft auf Grund der §§ 8b und 16 des Vereinsgesetzes Berufsvereine, die sich miteinander verbunden hatten, aufgelöst worden, weil in ihren Versammlungen gelegentlich auch sozialpolitische Erörterungen gepflogen wurden. Dieser Praxis kann nicht beigetreten werden: die engherzige Interpretation des § 152 hängt mit der oben zurückgewiesenen Annahme zusammen, als ob der Paragraph ein strafrechtliches Privilegium statuierte. Im Gegenteil, man hat nichts weiter gewollt, als aus dem Grundprinzipe der modernen Volkswirt-

[1]) v. Landmann, Gewerbeordnung II, S. 465.

[2]) Siehe Reichsgerichts-Entscheidungen in Strafsachen, Band 16, S. 383, Urteil vom 10. November 1887, Band 22, S. 339, Urteil vom 25. Januar 1892 und andere mehr.

schaft, der Gewerbefreiheit, auch bezüglich der Lohnarbeiter die logisch notwendigen Konsequenzen zu ziehen. Die Berufsvereine sollten reichsrechtlich garantiert werden und von den landesrechtlichen Beschränkungen befreit bleiben. Nur die sogenannten politischen Klubs, d. h. Vereine, deren Hauptzweck es ist, auf die Tagespolitik einzuwirken, sollten der landesrechtlichen Regelung überlassen bleiben. Man kann aber nicht annehmen, daß ein Berufsverein schon dann zu einem politischen Klub wird, wenn er gelegentlich über eine in seinen Interessenkreis hineinfallende sozialpolitische Frage debattiert und abstimmt, er bleibt darum doch ein nach § 152 der Gewerbeordnung geschützter Berufsverein.

In Preußen wurde in den achtziger Jahren auf Grund des § 360 Ziffer 9 des Reichsstrafgesetzbuches in Verbindung mit dem Gesetze vom 17. Mai 1853, wonach die Errichtung von Versicherungsanstalten ohne staatliche Genehmigung bei Strafe verboten war, gegen diejenigen Berufsvereine vorgegangen, welche ihren Mitgliedern bei gewissen Wechselfällen des Lebens wie z. B. Arbeitslosigkeit, Rechtsstreitigkeiten u. s. w., eine bestimmte Unterstützung in Aussicht stellten. Durch diese Subsumierung der Gewerkvereine unter das Versicherungsrecht hoffte man eine gewisse Kontrolle über die Vereine zu erlangen. Die große Mehrzahl derselben suchte sich aber jeder Einmischung von seiten der Verwaltungsbehörden zu entziehen, indem sie statutarisch einen Rechtsanspruch ihrer Mitglieder ausschloß und eine etwaige Unterstützung in das diskretionäre Ermessen des Vorstandes stellte. Unter diesen Voraussetzungen konnte der Gewerkverein nicht mehr als Versicherungsgesellschaft angesehen werden, da ein klagbarer Rechtsanspruch von seiten des Versicherten zum Wesen des Vertrages gehört (siehe Entscheidungen des Kammergerichts Johow Band 13 Seite 399, Band 9 Seite 299).

§ 3.

Die civilrechtliche Stellung der Berufsvereine.

Was das civilrechtliche Band angeht, das die Mitglieder einer Gewerkschaft verbindet, so bestimmt § 152 Absatz 2 der Gewerbeordnung folgendes:

„Jedem Teilnehmer steht der Rücktritt von solchen Vereinigungen und Verabredungen frei, und es findet aus letzterem weder Klage noch Einrede statt."

Damit sind die obligatorischen Verpflichtungen der Mitglieder untereinander zu Natural-Obligationen herabgedrückt. Sie sind in eine Reihe gestellt mit den Spielschulden und ähnlichen Ansprüchen. Ob die Mitglieder ihren Verpflichtungen nachkommen, hängt im wesentlichen von ihrem Solidaritätsgefühl ab. Es fehlt den Gewerkschaften die solide juristische Grundlage, sie sind auf bloßem Vertrauen aufgebaut. Dieser Mangel muß namentlich bei jungen Berufsvereinen, die sich noch nicht genügend gefestigt haben, ungünstig wirken.

Es mag hier noch einmal hervorgehoben werden, daß es sich auch bei dieser Vorschrift nur um diejenigen gewerblichen Berufsvereine handelt, welche bessere Arbeits- und Lohnbedingungen erstreben, also nur um die Lohnstreik-, nicht um die Machtstreikverbände, und nur um solche Arbeiter und Arbeitgeber, auf welche die Gewerbeordnung Anwendung findet, also nicht um Eisenbahnbeamte, Seeleute u. s. w.

Schwieriger noch als die Frage nach dem Verhältnis der Mitglieder zueinander ist die Stellung des Vereins im Verkehrsleben juristisch zu entwickeln. Wir berühren damit das Problem der juristischen Person.

Vor dem Jahre 1900 galt bezüglich der juristischen Personen, abgesehen von den handelsrechtlichen Korporationen, das Prinzip der staatlichen Verleihung sowohl im Gebiete des allgemeinen Landrechts, als in dem des Code civil. Auch für das gemeine Recht nahm die herrschende Ansicht das Konzessionssystem an. Nur in Bayern und Sachsen konnten die Vereine durch Eintragung Rechtsfähigkeit erlangen.

Durch das Bürgerliche Gesetzbuch ist die Materie einheitlich für ganz Deutschland geregelt worden.[1]) Im ersten Entwurf war das Vereinsrecht dem Landesrecht vorbehalten, schließlich wurde dasselbe doch nach langen Kämpfen in dem zweiten Entwurf aufgenommen.

Das Bürgerliche Gesetzbuch unterscheidet zwischen Vereinen, deren Zweck auf einen wirtschaftlichen Geschäftsbetrieb gerichtet ist, und Vereinen, bei denen dies nicht der Fall ist, den sog. idealen Vereinen. Für erstere verbleibt es, vorbehaltlich der handelsrechtlichen Bestimmungen, beim Konzessionssystem, letztere erlangen durch Eintragung ins Vereinsregister Rechtsfähigkeit, sofern sie bestimmte Normativbestimmungen erfüllen.

Sehr bestritten ist, was man unter einem wirtschaftlichen Geschäftsbetrieb zu verstehen hat. Ein solcher Betrieb liegt nach Planck (Kommentar zum § 21 No. 2 Seite 80) vor, wenn die Produktion oder der Umsatz wirtschaftlicher Güter geschäftsmäßig betrieben wird.[2]) Es ist nicht notwendig, daß die Absicht auf Erzielung eines Gewinnes gerichtet ist. Wirtschaftlicher Betrieb deckt sich nicht mit dem Begriff „Gewerbsmäßigkeit". Daher würde z. B. ein Verein, welcher Waren im großen einkäuft, um sie billig an seine Mitglieder zu verkaufen, ja sogar ein Wohltätigkeitsverein, welcher kleinen Gewerbetreibenden billigen Kredit gewährt, auch dann ein wirtschaftlicher sein, wenn er irgend welche Überschüsse nicht erstrebt.

Das entscheidende Merkmal ist vielmehr darin zu erblicken, ob ein Verein mit größerem Kapital und unter wesentlicher Inanspruchnahme von Kredit Geschäfte abschließt.[3]) Vereine

---

[1]) Eine erschöpfende Aufzählung der Literatur über das Vereinsrecht des Bürgerlichen Gesetzbuches liegt nicht im Rahmen der vorliegenden Arbeit. Siehe den Kommentar des Bürgerlichen Gesetzbuches von Planck, 2. Auflage, Berlin 1898 ff., das Lehrbuch des bürgerlichen Rechts von Dernburg, 2. Auflage, Halle 1902, Ecks Vorträge über das Recht des Bürgerlichen Gesetzbuches, Berlin 1898, und Giercke, „Vereine ohne Rechtsfähigkeit", Berlin 1900. Speziell die Berufsvereine der Arbeiter behandelt Rosenberg, „Das Vereinsrecht des Bürgerlichen Gesetzbuches und die Gewerkschaftsbewegung", Berlin 1903.

[2]) Ebenso Eck, „Vorträge über das Recht des Bürgerlichen Gesetzbuches", S. 53.

[3]) Ebenso Rosenberg, „Vereinsrecht", S. 15 ff.

mit einem derartigen Geschäftsbetriebe müßten der Konzessionspflicht unterworfen bleiben, damit nicht die strengen Normativbedingungen des Handesrechts dadurch illusorisch gemacht würden, daß die fraglichen Vereine nach Erfüllung der bei weitem leichteren Normativbedingungen des Bürgerlichen Gesetzbuches durch Eintragung ins Vereinsregister Rechtsfähigkeit erlangten.

Hiernach gehören von den Berufsvereinen der Arbeiter die Konsumvereine und die Produktivgenossenschaften zu den wirtschaftlichen Vereinen. Sie können daher, sofern sie sich nicht als handelsrechtliche Korporationen konstituieren, nur durch einzelstaatliche Konzession den Charakter einer juristischen Person erlangen.

Dagegen können Vereine, welche für den Streik organisieren, oder solche, welche durch Arbeitsnachweis oder Gewährung von Rechtshilfe die soziale Lage der Arbeiter heben wollen, als „ideale“ Vereine ins Vereinsregister eingetragen werden.

Jedoch ist gerade mit Rücksicht auf diese Vereine die Bestimmung des § 61 des Bürgerlichen Gesetzbuches[1]) aufgenommen worden, wonach die Verwaltungsbehörde gegen die Eintragung Einspruch erheben kann, wenn der Verein nach dem öffentlichen Vereinsrecht unerlaubt ist oder verboten werden kann oder wenn er einen politischen, sozialpolitischen oder religiösen Zweck verfolgt. Durch diese Bestimmung ist ein verkapptes Konzessionssystem in das Gesetzbuch hineingetragen worden. An dieser Frage droht das ganze Werk zu scheitern: die verbündeten Regierungen vor allem Preußen legten auf diese Bestimmung das größte Gewicht, weil sie befürchteten, daß die politischen, sozialpolitischen und religiösen Vereine durch Erlangung der Rechtsfähigkeit eine zu große,

---

[1]) § 61. Wird die Anmeldung zugelassen, so hat das Amtsgericht sie der zuständigen Verwaltungsbehörde mitzuteilen.

Die Verwaltungsbehörde kann gegen die Eintragung Einspruch erheben, wenn der Verein nach dem öffentlichen Vereinsrecht unerlaubt ist oder verboten werden kann, oder wenn er einen politischen, sozialpolitischen oder religiösen Zweck verfolgt.

dem Gemeinwohl schädliche Macht erlangten. Nur mit schwerem Herzen entschloß sich der Reichstag, dem diskretionären Einspruchsrecht zuzustimmen.

Unter einem politischen Verein hat man einen solchen zu verstehen, welcher auf Gesetzgebung und Verwaltung einzuwirken beabsichtigt; es genügt nicht, wenn er nur auf öffentliche Angelegenheiten einzuwirken sucht.[1]) Demnach ist ein sozialpolitischer Verein ein solcher, welcher speziell in Bezug auf soziale Fragen die Organe des Staates zu beeinflussen bezweckt. Dagegen ist es nicht ausreichend, wenn ein Verein seine Mitglieder über politische und sozialpolitische Fragen aufklären will. Andererseits brauchen religiöse Vereine nicht nach außen einwirken zu wollen, der Zweck der Erbauung und Belehrung genügt bei ihnen. Der § 62 des Bürgerlichen Gesetzbuches[2]) statuiert ein Verwaltungsstreitverfahren, das sich aber nur auf die Frage beschränkt, ob ein politischer, sozialpolitischer oder religiöser Verein vorliegt, während die Erörterung über die Opportunität des Einspruchs in diesem Verfahren unzulässig ist.

So kann ein Gewerkverein wohl die Eintragung erlangen, wenn er sich von politischen Tendenzen fernhält. Tut er dies aber nicht, so steht die Eintragung im freien Ermessen der Verwaltungsbehörde und wird wohl regelmäßig verweigert werden.

Aber auch die Rechtsstellung eines eingetragenen Gewerkvereins ist eine recht prekäre. Nach § 43 Absatz 2 des Bürgerlichen Gesetzbuches kann ihm die Rechtsfähigkeit entzogen werden, wenn er einen wirtschaftlichen Geschäftsbetrieb zu verfolgen beginnt und dasselbe gilt nach Absatz 3, wenn er später anfängt, einen politischen, sozialpolitischen oder religiösen Zweck

---

[1]) Anders Planck zu § 61, S. 108. Ebenso Rosenberg a. a. O. S. 21, und Reichsgerichts-Entscheidung in Strafsachen, Band 22, S. 338.

[2]) § 62. Erhebt die Verwaltungsbehörde Einspruch, so hat das Amtsgericht den Einspruch dem Vorstande mitzuteilen.

Der Einspruch kann im Wege des Verwaltungsstreitverfahrens oder, wo ein solches nicht besteht, im Wege des Rekurses nach Maßgabe der §§ 20, 21 der Gewerbeordnung angefochten werden.

zu verfolgen. Wie leicht aber ein Gewerkverein als politischer angesehen wird, zeigt die oben bekämpfte Judikatur. Darnach genügt es, wenn der Verein gelegentlich einmal über eine Frage der Arbeiterschutzgesetzgebung eine Petition an den Reichstag abschickt. Es ist daher nicht zu verwundern, wenn die Berufsvereine es kaum versucht haben, durch Eintragung ins Vereinsregister juristische Personen zu werden.

Dagegen sind die vom Normativsystem beherrschten Handelskorporationen vielfach angewandt worden. Die Aktiengesellschaften, sowie die Aktien-Kommandit-Gesellschaften kommen freilich wegen ihrer schwerfälligen, dem großkapitalistischen Betriebe angepaßten Struktur für die Zwecke der Gewerkschaften weniger in Betracht. Dagegen sind „die Gesellschaften mit beschränkter Haftung“ (Gesetz vom 20. April 1892) für die Arbeiterberufsvereine sehr geeignet und beliebt. So ist z. B. das Berliner Gewerkschaftshaus am Engelufer Eigentum einer Gesellschaft mit beschränkter Haftung.

Die eingetragenen Genossenschaften, welche die Förderung des Erwerbs oder der Wirtschaft ihrer Mitglieder mittels gemeinschaftlichen Geschäftsbetriebes bezwecken (Gesetz vom 1. Mai 1889), kommen für die Arbeiterberufsvereine, hauptsächlich als Produktivgemeinschaften, als Konsumvereine und als Vereine zur Herstellung von Wohnungen, in Betracht. Jedoch erfreuen sich die Genossenschaften in Arbeiterkreisen nicht derselben Beliebtheit, wie im Kleinbürgertum.

Was die Versicherungsgesellschaften auf Gegenseitigkeit anlangt, so ist nach dem Reichsgesetz vom 12. Mai 1901 zur Gründung Konzessionierung erforderlich, die aber bei Vorhandensein bestimmter Garantien für die Solvenz der Gesellschaft nicht verweigert werden darf. Jedoch sind die Anforderungen noch schwerer als bei einer Aktien-Gesellschaft, sodaß ein Gewerkverein dieselben wohl nie erfüllen kann.

Es erhebt sich die Frage, wie alle diejenigen Gewerkvereine rechtlich zu beurteilen sind, welche die Rechtsfähigkeit nicht erlangt haben. Es gehört zweifellos die große Mehrzahl der Arbeiterberufsvereine zu dieser Kategorie der sog. nicht rechtsfähigen Vereine. Nur ein einziger Paragraph des Bürgerlichen Gesetzbuches, nämlich § 54, beschäftigt sich mit diesen Rechtsgebilden. Der Paragraph lautet:

„Auf Vereine, die nicht rechtsfähig sind, finden die Vorschriften über die Gesellschaft Anwendung. Aus einem Rechtsgeschäfte, das im Namen eines solchen Vereins einem Dritten gegenüber vorgenommen wird, haftet der Handelnde persönlich; haften mehrere, so haften sie als Gesamtschuldner."

Es kommen also die Normen über die Gesellschaft auf den nichtrechtsfähigen Verein zur Anwendung, mit der Maßgabe, daß die Vertreter stets persönlich haften, eine Vorschrift, welche mit den Regeln der direkten Stellvertretung im Widerspruch steht.

Da die meisten Vorschriften über die Gesellschaft dispositiver Natur sind, so kann ein nichtrechtsfähiger Verein sich durch Statuten, die auch stillschweigend vereinbart werden können, einem rechtsfähigen Verein in seiner juristischen Natur nähern.

So kann die Vorschrift des § 709 des Bürgerlichen Gesetzbuches, daß für jedes Geschäft die Zustimmung aller Gesellschafter erforderlich ist, dahin abgeändert werden, daß die Majorität der Mitglieder entscheiden soll. Es kann ferner dem Vorstande die Stellung geschäftsführender Gesellschafter mit der Befugnis zur gerichtlichen und außergerichtlichen Vertretung des Vereins eingeräumt werden. Es kann ferner bestimmt werden, daß der Verein durch die Kündigung von seiten eines Mitgliedes, durch die Konkurseröffnung über dessen Vermögen oder durch dessen Tod nicht aufgelöst werden, sondern unter den übrigen Mitgliedern fortbestehen soll. Ebenso können bezüglich des Ausschlusses eines Mitgliedes oder des Eintritts neuer Mitglieder vom Gesellschaftsrecht abweichende Bestimmungen getroffen werden. Schließlich kann auch vereinbart werden, daß einem ausscheidenden Mitgliede ein Anspruch auf Abschichtung nicht zusteht.

Was die Schulden eines nichtrechtsfähigen Vereins anlangt, so haften die Mitglieder für dieselben mit ihrem Privatvermögen und zwar nach §§ 427, 421 des Bürgerlichen Gesetzbuches für Vertragsverbindlichkeiten im Zweifel solidarisch. Jedoch kann die Haftung für die Schulden des Vereins dadurch auf das Vereinsvermögen beschränkt werden, daß die Vollmacht des Vorstandes insofern eingeengt wird, als er seine Auftraggeber nur in Höhe des jeweiligen Vereinsvermögens verpflichten kann.[1])

Wenn man weiter erwägt, daß ein nichtrechtsfähiger Verein nach § 50 Absatz 2 der Civil-Prozeßordnung als solcher verklagt werden kann, daß nach § 735 der Civil-Prozeßordnung zur Zwangsvollstreckung in sein Vermögen ein gegen den Verein ergangenes Urteil genügt, und daß nach § 213 der Konkursordnung über sein Vermögen ein selbständiges Konkursverfahren geführt werden kann, so ergibt sich aus dem Gesagten, daß ein nichtrechtsfähiger Verein einem rechtsfähigen in seinem Wesen sehr ähnlich werden kann.

Nur in drei Punkten werden sie sich stets voneinander unterscheiden, und zwar in zwei Punkten zu Gunsten des rechtsfähigen und in einem Punkte zu Gunsten des nichtrechtsfähigen Vereins.

Einmal ist dem nichtrechtsfähigen Verein der Grundbuchverkehr versperrt, ferner mangelt ihm die aktive Parteifähigkeit. Welche Übelstände sich aus dieser halben Parteifähigkeit des nichtrechtsfähigen Vereins ergeben, ist von Gierke a. a. O. Seite 43ff. überzeugend dargetan; es ist hier nicht der Ort, auf diese Frage des näheren einzugehen.

Dagegen haftet im Gegensatz zum rechtsfähigen der nichtrechtsfähige Verein nicht für denjenigen Schaden, den der Vorstand, ein Mitglied des Vorstandes oder ein anderer, verfassungsmäßig berufener Vertreter durch eine in Ausführung der ihm zustehenden Verrichtungen begangene, zum Schadensersatz verpflichtende Handlung einem Dritten zufügt (§ 31 des Bürgerlichen Gesetzbuches). Denn wie Gierke „Vereine ohne Rechtsfähigkeit“ Seite 19 Anmerkung 29 mit Recht ausführt, kann die Rechtsordnung, wenn sie die Verbandspersönlichkeit als solche nicht sehen will, ihr auch keine Verantwortlichkeit aufbürden.

---

[1]) Siehe Gierke, „Vereine ohne Rechtsfähigkeit“, S. 38 ff.

Der nichtrechtsfähige Verein, d. h. seine Mitglieder als solche, haften vielmehr für die Delikte der Vereinsorgane nur dann, wenn sie nicht nachweisen, daß sie bei der Auswahl der bestellten Person und, sofern sie Verrichtungen oder Gerätschaften zu beschaffen oder die Ausführung der Verrichtung zu leiten haben, bei der Beschaffung oder der Leitung die im Verkehr erforderliche Sorgfalt beobachtet haben, oder daß der Schaden auch bei Anwendung dieser Sorgfalt entstanden sein würde (§ 831 des Bürgerlichen Gesetzbuches).

§ 4.

Die Stellung der Arbeiterkoalitionen im Lohnkampf.[1])

Eine besondere Hervorhebung verdient die Stellung der Arbeiterkoalitionen im Lohnkampf. Die Frage, welche Einwirkungen die organisierten Arbeiter gegenüber ihren Kameraden und gegenüber den Unternehmern ausüben dürfen, beantwortet sich aus dem Prinzip der allgemeinen Handlungsfreiheit: erlaubt ist jede Einwirkung, welche nicht ein fremdes Recht verletzt oder sonst durch ein besonderes Gesetz verboten ist. Es ist einerlei, ob es sich dabei um eine strafrechtliche oder civilrechtliche Norm handelt, nur muß daran festgehalten werden, daß die Verletzung einer civilrechtlichen Norm den Verwaltungsbehörden keinen Anlaß geben darf, gegen die Arbeiterverbände einzuschreiten, denn eine derartige Verletzung gehört ausschließlich vor den Civilrichter.

Was die einschlägigen Strafbestimmungen angeht, so ist hier vor allem § 153 der Gewerbeordnung hervorzuheben.

Derselbe lautet:

„Wer andere durch Anwendung körperlichen Zwanges, durch Drohungen, durch Ehrverletzung oder durch Verrufserklärung bestimmt oder zu bestimmen versucht, an solchen

---

[1]) Siehe hierzu Landmann a. a. O. zu § 153 der Gewerbeordnung, S. 469 ff. — Stenglein, „Die strafrechtlichen Nebengesetze des Deutschen Reiches“, Berlin 1903, zu § 153 der Gewerbeordnung, S. 921 ff.

Verabredungen (§ 152) teilzunehmen, oder ihnen Folge zu leisten, oder andere durch gleiche Mittel hindert oder zu hindern versucht, von solchen Verabredungen zurückzutreten, wird mit Gefängnis bis zu drei Monaten bestraft, sofern nach dem allgemeinen Strafgesetz nicht eine härtere Strafe eintritt."

Der § 153 der Gewerbeordnung trifft also nur die im § 152 bezeichneten Vereine, diese aber ohne Ausnahme; es darf daraus, daß § 153 nur von „Verabredungen", nicht auch von „Vereinigungen" spricht, nicht geschlossen werden, daß nach § 153 zwischen beiden unterschieden werden sollte, es war dieses offenbar nicht beabsichtigt (ebenso Reichsgericht Urteil vom 25. April 1902 Band 35 Seite 205).

Aus dem Gesagten ergibt sich, daß § 153 auch dann Platz greift, wenn ein unzulässiger Zwang zum Beitritt in einen Verein, der an keinen Streik denkt, sondern auf friedliche Weise seinen Mitgliedern bessere Arbeitsbedingungen verschaffen will, ausgeübt wird. Freilich dürfte dies nicht oft eintreffen, da wohl regelmäßig nur in der Hitze eines Lohnkampfes derartige Ausschreitungen vorkommen, woraus sich die Überschrift dieses Abschnittes der Arbeit rechtfertigt. Dagegen kann eine Bestrafung aus § 153 dann nicht eintreten, wenn es sich nur um sogenannte Machtstreiks handelt, wenn also z. B. ein mißliebiger Werkmeister verdrängt werden soll, wenn die Gewerkvereine vom Arbeitgeber verlangen, daß er nur organisierte Arbeiter beschäftige, oder wenn die Arbeiter am 1. Mai feiern wollen.

Es ist ferner hervorzuheben, daß nur der Zwang zum Beitritt zu Vereinigungen bestimmter Art verpönt ist, daß dagegen der Zwang zum Streik an sich aus § 153 niemals bestraft werden kann. Auch muß die Anwendung des körperlichen Zwanges, die Drohung, die Ehrverletzung, die Verrufserklärung gerade zu dem Zwecke erfolgt sein, um den Betroffenen zur Teilnahme an Vereinen der gedachten Art zu bewegen, es genügt keineswegs, wenn die Ausschreitungen mit dem Lohnkampfe zeitlich und örtlich zusammenfallen, wenn sie also aus Ärger darüber, daß der Betroffene bisher an den Verabredungen nicht teilgenommen hat, verübt worden sind.

Sehr lebhaft wird darüber gestritten, ob durch § 153 der Gewerbeordnung nur die auf derselben Seite des Lohnkampfes stehenden oder auch die Gegner geschützt werden. In dieser Form ist die Frage schief gestellt. Zweifellos kann das Delikt des § 153 nicht nur von Berufsgenossen gegen Berufsgenossen, sondern auch von irgend welchen anderen Personen begangen werden. Daher ist es auch nicht ausgeschlossen, daß ein vom Unternehmer gegen Arbeiter und umgekehrt ausgeübter Zwang zur Koalierung nach § 153 bestraft wird. Dieser Paragraph würde also z. B. Anwendung finden müssen, wenn ein Unternehmer, der seine Angestellten zu Harmonie-Aposteln machen möchte, dieselben durch Drohung mit einer an sich gerechtfertigten Strafanzeige dazu zwingen wollte, einem lammfrommen Gewerkvereine beizutreten, oder wenn die Arbeiter einen Unternehmer durch dasselbe Mittel zum Eintritt in einen arbeiterfreundlichen Unternehmerverein bewegen wollten.[1]

Immer aber muß daran festgehalten werden, daß nur der Zwang zum Beitritt in die Vereine des § 152 und zur Erfüllung der in solchen Vereinen getroffenen Verabredungen gestraft wird. Niemals kann der § 153 dort in Frage kommen, wo die eine Partei die andere zur Annahme bestimmter Lohnbedingungen zwingen will. Es ist also rechtsirrig, wenn Arbeiter aus § 153 verurteilt worden sind, weil sie den Unternehmer durch Androhung irgend eines Übels zur Abschließung eines den Arbeitern günstigen Lohnvertrages zu bewegen suchten.[2] Denn die Arbeiter wollen doch nicht den Unternehmer zwingen, der in ihren Vereinen getroffenen Verabredung nur bei Gewährung bestimmter Vorteile zu arbeiten, „Folge zu leisten“, sondern sie wollen eben diese Vorteile selbst beim Unternehmer durchsetzen. Sie sagen nicht zu ihm: „Streike auch du, wenn wir nicht 4,50 Mk. Lohn pro Tag bekommen“; es wäre barer Unsinn, dieses Ansinnen an den Unternehmer

[1]) Insoweit übereinstimmend das Urteil des Reichsgerichts in Strafsachen vom 23. November 1897, Band 30, S. 359.

[2]) So Entscheidung des Oberlandesgerichts Celle vom 27. September 1890 bei Goltdammer, Band 38, S. 377 und des Kammergerichts vom 9. April 1894 bei Johow, Band 15, S. 241.

zu stellen, sie können es nur an ihre Kollegen richten, sondern sie erklären dem Unternehmer: „Gewähre uns 4,50 Mk. pro Tag, sonst legen wir die Arbeit nieder“.

Es ist daher nicht angängig, den zweiten Teil der ersten Alternative des § 153 „solchen Verabredungen (§ 152) Folge zu leisten“ auf derartige Lohnverhandlungen anzuwenden.[1]) Ob hierin eventuell der Tatbestand der Erpressung zu erblicken ist, wird unten zu erörtern sein.

Was die einzelnen im § 153 der Gewerbeordnung aufgezählten Mittel angeht, so ist unter Anwendung körperlicher Gewalt jegliche unmittelbare Einwirkung auf den Körper eines andern zu verstehen also nicht nur Mißhandlungen, sondern auch Freiheitsberaubung und die durch körperliche Gewalt verübte Nötigung. Drohung umfaßt die Inaussichtstellung irgend eines Übels, das an sich nicht rechtswidrig zu sein braucht. Es muß so dargestellt werden, als ob der Eintritt des Übels vom freien Belieben des Drohenden abhinge, sonst liegt eine bloße Warnung vor.[2])

Der Begriff der Ehrverletzung deckt sich mit dem der Beleidigung im Sinne der §§ 185 ff.[3]) des Strafgesetzbuches. Von Heinemann „Streikvergehen“ Seite 139 und von Brentano „Schutz den Arbeitswilligen“ (Berlin 1899) Seite 25 wird es als eine beklagenswerte Anomalie bezeichnet, daß eine Beleidigung nach § 193 des Strafgesetzbuches dann nicht bestraft würde, wenn sie zum Schutze berechtigter Interessen begangen sei, daß aber nach § 153 der Gewerbeordnung eine Ehrverletzung gerade deshalb geahndet würde, weil sie zum Schutze berechtigter Interessen, nämlich zur Durchführung der im § 152 der Gewerbeordnung sanktionierten Zwecke erfolgt sei. Dieser Deduktion ist nicht beizustimmen: nach § 193 des Strafgesetzbuches entschuldigt die Wahrnehmung eines berechtigten Interesses nur dann, wenn

---

[1]) Im Ergebnis übereinstimmend Heinemann, „Streikvergehen“, S. 153 und im Sozialpolitischen Zentralblatt, Band III, S. 525.

[2]) Siehe Entscheidung des Reichsgerichts in Strafsachen, Band 27, S. 307, Urteil vom 20. Juni 1895.

[3]) Anderer Ansicht ist Löwenfeld, „Koalitionsrecht und Strafrecht“, S. 505, der annimmt, daß der Begriff Ehrverletzung der weitere ist.

die Verletzung fremder Ehre zur Wahrnehmung des eigenen berechtigten Interesses absolut geboten war, und sofern nicht aus der Form der Äußerung oder aus den Umständen, unter welchen sie geschah, das Vorhandensein einer Beleidigung hervorgeht.[1]) Unter diesen Voraussetzungen würde aber auch § 153 der Gewerbeordnung nicht Platz greifen, denn dann würde das Tatbestandsmerkmal der Ehrverletzung entfallen. Rufen jedoch die streikenden Arbeiter den Arbeitswilligen Schimpfworte zu, so muß eine Bestrafung aus § 153 der Gewerbeordnung eintreten — sofern die Voraussetzungen dieses Paragraphen im übrigen vorliegen —, denn in einem solchen Falle würde das Vorhandensein einer Ehrverletzung aus der Form der Äußerung hervorgehen.

Unter Verrufserklärung ist die an Gleichgesinnte gerichtete Aufforderung zu verstehen, mit einer bestimmten Person jede persönliche Berührung zu vermeiden. Sie enthält begrifflich nicht notwendig eine Beleidigung, wird aber meistens mit einer solchen verbunden sein.

Nach dem Gesagten kann es leicht geschehen, daß § 153 der Gewerbeordnung mit Delikten des allgemeinen Strafrechts, namentlich mit Körperverletzung, Beleidigung, Freiheitsberaubung, Nötigung und Bedrohung mit einem Verbrechen zusammentrifft: es ist z. B. eine Beleidigung begangen worden, um den Verletzten zum Beitritt in einen nach § 152 der Gewerbeordnung geschützten Verein zu bewegen.

In einem solchen Falle tritt keine Idealkonkurrenz im Sinne des § 73 des Strafgesetzbuches ein, sondern das Delikt des allgemeinen Strafrechts findet allein Anwendung, denn wie die Schlußworte „sofern nach dem allgemeinen Strafrecht nicht eine härtere Strafe eintritt“ ergeben, ist der § 153 der Gewerbeordnung eine subsidiäre Rechtsnorm, welche nur dann Platz greift, wenn kein schwereres Delikt Anwendung findet. Hierbei ist jedoch zu berücksichtigen, daß viele der in Frage kommenden Delikte des allgemeinen Strafrechts nur auf An-

[1]) Siehe Reinhard Frank, „Das Strafgesetzbuch für das Deutsche Reich“, 3. und 4. Auflage, Leipzig 1903, zu § 193 des Strafgesetzbuches, S. 263 ff.

trag verfolgbar sind, wie z. B. die einfache Körperverletzung und die Beleidigung, und daß andererseits nach § 153 der Gewerbeordnung der Versuch dem vollendeten Vorgehen in der Bestrafung gleichsteht. Kann wegen fehlenden Antrages eine Verurteilung aus §§ 185ff. und 223 des Strafgesetzbuches nicht erfolgen, so tritt die subsidiäre Vorschrift des § 153 der Gewerbeordnung in Anwendung. Hierdurch kann es kommen, daß der Täter sich schlechter steht, als wenn der Antrag gestellt worden wäre. Denn nach §§ 185 und 223 des Strafgesetzbuches kann bis auf 3 Mk. Geldstrafe heruntergegangen werden, während nach § 153 der Gewerbeordnung auf Gefängnis erkannt werden muß.

Eine große Rolle spielt der Arbeitsvertragsbruch bei fast jedem Streik. Die Arbeiter legen oft die Arbeit nieder, ohne die gesetzlich erforderlichen Kündigungsfristen innezuhalten. Es ist daher von großer Bedeutung, welche Rechtsfolgen sich an den Vertragsbruch knüpfen.

Nach Reichsrecht ist nur durch die Seemannsordnung § 93 (früher § 81) in Übereinstimmung mit § 298 des Strafgesetzbuches der Vertragsbruch des angeheuerten Seemannes mit öffentlicher Strafe bedroht, dagegen ist durch die §§ 124^{b} ff. der Gewerbeordnung bestimmt, daß der vertragsbrüchige Arbeiter sowie der Unternehmer, welcher ihn zum Vertragsbruch angestiftet hat oder ihn später für die Zeit, in der er noch einem andern Unternehmer verpflichtet war, trotz Kenntnis hiervon in Arbeit nimmt, einen typischen Schadensersatzanspruch in Höhe des ortsüblichen Tagelohns für jeden Tag der Versäumnis bis zu einer Woche zu zahlen hat, eine Vorschrift, die nach § 134 der Gewerbeordnung bezüglich der Fabrikarbeiter in Fabriken von mindestens 20 Arbeitern nur gilt, wenn sie vereinbart ist.

Nach einigen Landesrechten ist auch der Vertragsbruch des Gesindes und der ländlichen Arbeiter mit öffentlicher Strafe bedroht. So bestimmt z. B. das preußische Gesetz vom 24. April 1854 in den §§ 1 und 2 für den alten Umfang der Monarchie mit Ausnahme von Hohenzollern folgendes:

„§ 1. Gesinde, welches hartnäckigen Ungehorsam oder Widerspenstigkeit gegen die Befehle der Herrschaft oder der zu seiner Aufsicht bestellten Personen sich zu schulden kommen läßt, oder ohne gesetzmäßige Ursache den Dienst versagt oder verläßt, hat auf den Antrag der Herrschaft, unbeschadet deren Rechte zu seiner Entlassung oder Beibehaltung, Geldstrafe bis zu 5 Talern oder Gefängnis bis zu drei Tagen verwirkt.

Dieser Antrag kann nur innerhalb vierzehn Tagen seit Verübung der Übertretung, oder, falls die Herrschaft wegen der letzteren das Gesinde vor Ablauf der Dienstzeit entläßt, vor dieser Entlassung gemacht werden.

Den Antrag auf Grund des Gesetzes vom 14. Mai 1852 (Gesetzsammlung Seite 245) bei der Lokalpolizeibehörde anzubringen, ist nur dann zulässig, wenn weder die Herrschaft, noch ein von ihr bestellter Stellvertreter oder ein Beamter der Herrschaft die Lokalpolizei verwaltet. An Stelle der Lokalpolizei tritt in diesem Falle der Landrat.

Bis zum Anfang der Vollstreckung der Strafe ist die Zurücknahme des Antrages zulässig.

§ 2. Die Bestimmungen des § 1 finden auch Anwendung:

a) auf die bei Stromschiffern in Dienst stehenden Schiffsknechte (Gesetz vom 23. September 1835, Gesetzsammlung Seite 222) — bezüglich der Schiffsknechte durch §§ 124b, 125,6 der Gewerbeordnung aufgehoben —;

b) auf das Verhältnis zwischen den Personen, welche den zu Diensten verpflichtenden bäuerlichen Besitzern zur Verrichtung dieser Dienste gestellt werden, und den Dienstberechtigten oder den von ihnen bestellten Aufsehern;

c) auf das Verhältnis zwischen dem Besitzer eines Landgutes oder einer anderen Acker- oder Forstwirtschaft, sowie den von ihm zur Aufsicht über die Wirtschaftsarbeiten bestellten Personen und solchen Dienstleuten, welche gegen Gewährung einer Wohnung in den ihm gehörigen oder auf dem Gute befindlichen Gebäuden und gegen einen im voraus bestimmten Lohn behufs der Bewirtschaftung angenommen sind (Instleute, herrschaftliche Tagelöhner, Einlieger, Katenleute u. dgl.);

d) auf das Verhältnis zwischen solchen Handarbeitern, welche sich zu bestimmten land- oder forstwirtschaftlichen Arbeiten, wie z. B. Erntearbeiten auf Acker und Wiese, Meliorationsarbeiten, Holzschlagen etc. verdungen haben, und dem Arbeitgeber oder den von ihm bestellten Aufsehern." [1])

An der Giltigkeit dieser Strafbestimmungen kann kaum gezweifelt werden, denn es ist absolut nicht ersichtlich, daß das Reichsstrafrecht die Materie des Vertragsbruchs hat erschöpfend regeln wollen.[2])

Wenn der Vertragsbruch auch regelmäßig nicht strafbar ist, so fällt doch die Aufforderung zum Vertragsbruch, sofern eine prinzipielle Auflehnung gegen das Gesetz gewollt ist, unter § 110 des Strafgesetzbuches, denn dieser Paragraph macht keinen Unterschied zwischen Civilnormen oder öffentlichem Recht; auch aus inneren Gründen läßt sich das Gegenteil nicht entnehmen. Zwar verfolgt der Staat eine bloße Verletzung eines Privatrechts an sich nicht, er hat aber doch ein vitales Interesse daran, daß seine Rechtsnormen — seien sie auch nur civile — nicht prinzipiell negiert werden. Voraussetzung bleibt hierbei aber immer, daß wirklich ein grundsätzlicher Angriff gegen die Rechtsnorm beabsichtigt ist. Wollte man dieses leugnen, so wäre § 111 des Strafgesetzbuches nur ein Unterfall des § 110 und es wäre unverständlich, warum das Strafmaß gerade bei der Aufforderung zum Ungehorsam gegen Strafgesetze soweit heruntergesetzt sein sollte. Es ist demnach nicht strafbar, wenn öffentlich den Arbeitern gesagt wird: „Legt morgen ohne Kündigung eure Arbeit nieder". Geht dagegen die Aufforderung dahin: „Kümmert euch überhaupt nicht mehr um eure Vertragsverpflichtungen", so kommt § 110 des Strafgesetzbuches in Anwendung.[3])

---

[1]) Siehe bei Groschuff, „Die Preußischen Strafgesetze", Berlin 1894, S. 301 ff., die dort abgedruckten Gesetze vom 6. Februar 1878 und 27. Juni 1886, welche auch für Schleswig-Holstein und Hessen-Nassau Kontraktbruch des Gesindes mit Strafe bedrohen.

[2]) Ebenso Nußbaum, „Zur rechtlichen Lage der Landarbeiter" in Schmollers Jahrbuch für Gesetzgebung, Verwaltung und Volkswirtschaft im Deutschen Reich, Band 25. S. 993 ff.

[3]) Eine Bestrafung der Aufforderung zum Vertragsbruch nimmt auch das Reichsgericht an, Urteil vom 3. Dezember 1889, Band 20, S. 63. Dagegen v. Liszt, „Lehrbuch des deutschen Strafrechts, 12. und 13. Auflage, Berlin 1903, S. 565, im Gegensatz zu früheren Auflagen, und Frank, Kommentar, S. 163, zu § 110

Vielfach ist die durch die Presse veröffentlichte Boykotterklärung und das Streikpostenstehen als grober Unfug bestraft worden.[1]) Diese Judikatur kann nicht als zutreffend erachtet werden: § 360 Ziffer 11 des Strafgesetzbuches greift richtiger Ansicht nach nur dann Platz, wenn der äußere Bestand der öffentlichen Ordnung gefährdet erscheint, nicht schon dann, wenn eine größere nicht durch individuelle Bande verknüpfte Menschenzahl sich in ihrem Empfinden verletzt fühlt.[2]) Wollte man das letztere annehmen, so würde damit jede öffentliche Kritik, welche nach dem rein subjektiven Ermessen des Richters ungehörig erschiene, verboten sein, nach dieser Ansicht wäre § 360 Ziffer 11 des Strafgesetzbuches eine Strafandrohung von unbestimmtester Allgemeinheit, durch welche der Grundsatz des § 2 des Strafgesetzes „nulla poena sine lege“ im praktischen Erfolge völlig wieder beseitigt wäre.[3])

Mögen sich daher auch die Gewerbetreibenden infolge einer öffentlichen Sperre- und Boykotterklärung in ihrer ökonomischen Stellung bedroht fühlen und mögen sie auch große pekuniäre Verluste erleiden, so kann von einer Anwendung des §360 Ziffer 11 des Strafgesetzbuches deshalb keine Rede sein, weil der äußere Bestand der öffentlichen Ordnung durch eine solche Boykottierung nicht gefährdet erscheint.

Was das Streikpostenstehen angeht, so ist unbedingt zuzugeben, daß bei dieser Gelegenheit ruhestörender Lärm oder grober Unfug verübt werden kann, an sich aber enthält das Streikpostenstehen nicht die Tatbestandsmerkmale des groben Unfugs. Solange die Streikposten den äußeren Bestand der öffentlichen Ordnung nicht stören, kann von einer Anwendung des § 360 Ziffer 11 des Strafgesetzbuches nicht die Rede sein.

---

des Strafgesetzbuches und R. Löning, Handwörterbuch der Staatswissenschaften, Band I, S. 1006.

[1]) Siehe Entscheidungen des Reichsgerichts in Strafsachen, Urteil vom 14. Juni 1895, Band 27, S. 292, und die von Legien, „Koalitionsrecht“, S. 82 ff. erwähnten Entscheidungen anderer Gerichte.

[2]) Ebenso Frank, Kommentar zu § 360, Ziffer 11, S. 488 ff., und v. Liszt, Lehrbuch, S. 623.

[3]) Siehe Reichsgerichts-Entscheidung in Strafsachen, Band 19, S. 294, Band 31, S. 185, und Band 32, S. 100.

Dagegen kann gegen die Streikposten vorgegangen werden, falls sie einer Polizeiverordnung zuwider den zur Aufrechterhaltung der öffentlichen Ruhe, Sicherheit und Ordnung auf der Straße erlassenen Anordnungen der Aufsichtsbeamten keine Folge leisten. Das Kammergericht hat verschiedentlich, so z. B. in dem Urteil vom 23. November 1899 (Deutsche Juristenzeitung Band V Seite 167) die Ansicht vertreten, daß es unerheblich sei, ob die ergangene Aufforderung zur Erhaltung der Sicherheit notwendig war, daß es vielmehr genüge, wenn die Aufforderung diesen Zweck verfolgte. Danach wäre der einzelne Passant auf der Straße gezwungen, auch dem unbilligsten und unvernünftigsten Befehl eines Schutzmannes Folge zu leisten. Es kann aber nicht als Absicht der Verordnung angesehen werden, daß einem untergeordneten Polizeiorgan eine derartige souveräne Gewalt hat eingeräumt werden sollen.[1])

Hiermit ist der Fall nicht zu verwechseln, daß die durch das Staatsrecht der Einzelstaaten berufenen Organe auf Grund des ihnen zustehenden Polizeiverordnungsrechts das Streikpostenstehen als solches schlechthin verbieten.[2]) Ob ein derartiges direktes Verbot sich mit dem Reichsrecht vereinen läßt, ist sehr bestritten. Die Frage wurde akut, als der Senat in Lübeck folgende Verordnung erließ:

Verordnung,
betreffend das Verbot des Streikpostenstehens.

Der Senat hat beschlossen und verordnet hierdurch:

Personen, welche planmäßig zum Zwecke der Beobachtung oder Beeinflussung der Arbeiter einer Arbeitsstelle oder des Zuzugs von Arbeitern zu einer Arbeitsstelle an einem öffentlichen Orte sich aufhalten, werden mit Geldstrafe bis zu 150 Mk. oder mit Haft bestraft.

---

[1]) Neuerdings soll nach Heinemann, „Soziale Praxis“, Band 12, S. 227 das Kammergericht seine frühere Ansicht aufgegeben haben. Da Heinemann keine Erkenntnisse zitiert, läßt sich diese Angabe nicht nachprüfen.

[2]) Vor einer Verwechslung dieser beiden Fälle warnt auch Groschuff in der Deutschen Juristenzeitung, Bd. 5, S. 522.

Beschlossen Lübeck in der Versammlung des Senats am 21. April 1900."

Bekanntlich wurde diese Verordnung vom Reichsgericht durch das Urteil vom 4. Februar 1901 (Band 34 Seite 121) für ungiltig erklärt. Dieses Urteil kann nicht als richtig anerkannt werden.

Es wird allgemein zugegeben, daß der Senat nach Lübecker Staatsrecht zum Erlasse von Polizeiverordnungen berechtigt ist. Jedoch wird gegen die Gültigkeit eingewendet, daß die Verordnung mit den §§ 240 des Strafgesetzbuches und 153 der Gewerbeordnung in Widerspruch träte. Nach den genannten Paragraphen werde die Freiheit der Arbeitswilligen nur geschützt, wenn als Mittel zur Nötigung entweder Gewalt oder Bedrohung mit einem Verbrechen oder Vergehen, andererseits körperliche Gewalt, Ehrverletzung, Verrufserklärung oder Drohung in Frage kämen. Darüber hinausgehend stelle die zitierte Verordnung aber unzulässigerweise auch das Streikpostenstehen als Mittel zur Einwirkung auf den Willen der Arbeitswilligen unter Strafe.

Diese Deduktion ist nicht durchschlagend, auch wenn man zugibt, daß die Überschrift einen Teil der Verordnung darstellt, daß dieselbe also mit anderen Worten nur im Falle eines Streiks Platz zu greifen habe. Denn es wird hierbei übersehen, daß das Streikpostenstehen nicht notwendig als Mittel zur Erwirkung eines bestimmten Verhaltens in Betracht kommt. Es kann auch angewendet werden, um Erkundigungen einzuziehen, um statistisches Material zu sammeln oder um die Arbeiter, ohne sie zu einem konkreten Tun oder Unterlassen zu bewegen, über bestimmte Punkte aufzuklären. Mithin greift die zitierte Verordnung nicht in die vom Reichsrecht erschöpfend geregelte Materie der gegen die Freiheit der Entschließung gerichteten Delikte ein.

Auch ein Hinweis auf § 366 Ziffer 10 des Strafgesetzbuches kann nicht zur Annahme der Ungiltigkeit führen. Es ist freilich zuzugeben, daß die Lübecker Verordnung insofern über den Rahmen des § 366 Ziffer 10 des Strafgesetzbuches hinausgeht, als jeder Ort nicht nur die im § 366 Ziffer 10 des Strafgesetzbuchs aufgezählten öffentlichen Wege, Straßen, Plätze und Wasserstraßen als Tatort in Betracht kommen. Es kann aber nicht angenommen werden, daß die Blankettstrafvorschrift des § 366 Ziffer 10 des Strafgesetzbuchs die Materie der gegen die öffentliche Ruhe, Sicherheit und Ordnung gerichteten Delikte hat erschöpfend regeln wollen. Es muß vielmehr daran festgehalten werden, daß es den nach Landesrecht berufenen Organen nach wie vor gestattet sein muß, auch abgesehen von § 366 Ziffer 10 des Strafgesetzbuchs die zur Aufrechterhaltung des äußeren Bestandes der öffentlichen Ordnung ihnen geeignet erscheinenden Polizeiverordnungen zu erlassen. In diesem Falle steht dem Richter selbstredend nicht zu, nachzuprüfen, ob die Verordnung notwendig oder zweckmäßig ist. Wenn es also z. B. durch eine Polizeiverordnung bei Strafe verboten wäre, auf einem Bürgersteige in einer Reihe mit vier Personen zu gehen, so könnten die Angeklagten sich nicht darauf berufen, daß durch ein derartiges truppweises Gehen die öffentliche Ordnung nicht gestört würde. Ebenso können sich die Streikposten, falls das Postenstehen an sich unter Strafe gestellt ist, nicht damit entschuldigen, daß durch ihr Verhalten in concreto eine Gefährdung oder Verletzung der öffentlichen Ordnung nicht eingetreten ist.

Durch die Lübecker Verordnung wird auch nicht § 152 der Gewerbeordnung verletzt, denn eine Handlung, welche an und für sich strafbar ist, kann nicht dadurch zu einer straflosen werden, daß es den im § 152 der Gewerbeordnung sanktionierten Zwecken dient. Ein Gewerkverein, der in Preußen ohne polizeiliche Erlaubnis einen öffentlichen Aufzug veranstaltete, könnte sich nicht durch den Nachweis der Strafe entziehen, daß er den Aufzug nur vorgenommen habe, um für sich Mitglieder zu werben, daß er sich mithin in Ausübung des ihm reichsrechtlich zustehenden Koalitionsrechts befunden habe. Denn wie in der Moral, so heiligt auch im Rechte der Zweck die Mittel nicht.[1])

Was das Verhältnis der Arbeitervereine zu der gegnerischen

---

[1]) Im Ergebnis übereinstimmend Stenglein, „Gerichtssaal“, Band 58, S. 448 ff.

Seite, den Unternehmern, anlangt, so sind die Vertreter streikender Vereine oftmals wegen Erpressung verurteilt worden, weil sie den Unternehmern im Falle der Ablehnung ihrer Forderungen mit Sperre und Boykott gedroht hatten. Auch das Reichsgericht hat im Urteil vom 8. Oktober 1890 Band 21 Seite 114 diese Judikatur bestätigt. Die Entscheidung gibt zu erheblichen Bedenken Anlaß.

Zuzugeben ist ohne weiteres, daß eine Berufung auf § 152 ff. der Gewerbeordnung unzulässig ist. Denn liegen im übrigen die Voraussetzungen der Erpressung vor, so kann die Handlung nicht dadurch zu einer straflosen werden, daß sie in Ausübung des Koalitionsrechtes verübt ist. Es ist auch ferner richtig, daß man unter einen „rechtswidrigen Vermögensvorteil" einen solchen zu verstehen hat, auf welchen die Partei keinen Anspruch hat (ebenso v. Liszt, Lehrbuch Seite 471 Reichsgericht, Entscheidung in Strafsachen Band 26 Seite 354).

Die entgegengesetzte von Frank Seite 341 vertretene Ansicht, ein rechtswidriger Vorteil sei ein solcher, welcher civilrechtlich anfechtbar sei, läuft auf einen Zirkelschluß hinaus, denn das Civilrecht verweist durch die Worte des Bürgerlichen Gesetzbuches § 123 „widerrechtlich durch Drohung" selbst seinerseits auf das Strafrecht.

Die Absicht der Erlangung eines rechtswidrigen Vermögensvorteils im Sinne des Strafrechts liegt mithin nicht nur dann vor, wenn wie in dem zitierten Falle, die Arbeiter für eine Zeit in der Vergangenheit, wo sie tatsächlich nicht gearbeitet haben, die Auszahlung von Lohn verlangen, sondern auch dann, wenn sie für die Zukunft nach Kündigung des laufenden Vertrages höhere Löhne erstreben.

Damit soll dieses Streben durchaus nicht verdammt werden, es ist an sich ein durchaus berechtigtes. Nur darf nicht als Mittel zu diesem Zweck versucht werden, durch Gewalt oder Drohung auf einen fremden Willen einzuwirken, dann liegt Erpressung bezw. Versuch vor. Im Gegensatz zur Nötigung, § 240 des Strafgesetzbuches, wo Drohung mit einem Verbrechen oder Vergehen gefordert wird, genügt also bei der Erpressung, daß irgend ein Übel, das an sich nicht einmal rechtswidrig zu sein braucht, dem Gegner in Aussicht gestellt wird. In der zitierten Entscheidung geht das Reichsgericht so weit, daß schon die Erklärung der Streikkommission, die Wiederaufnahme würde bei ablehnendem Bescheide von allen Arbeitern unterbleiben, als eine Drohung im Sinne des § 253 des Strafgesetzbuches ansieht.[1]) Das geht offenbar zu weit: dann würde sich auch jeder Kaufmann, welcher nicht unter einem bestimmten Preise verkaufen zu wollen erklärt, der Erpressung schuldig machen. Eine Drohung kann darin nicht erblickt werden, daß die Arbeiter von ihrer natürlichen Handlungsfreiheit, Verträge abzuschließen oder nicht, Gebrauch machen. Treten sie zu diesem Zwecke mit dem Gegenkontrahenten in Verhandlung und weisen ihn auf die für ihn verhängnisvollen Folgen einer Ablehnung ihrer Offerte hin, so überschreiten sie damit die ihnen gezogenen Grenzen der erlaubten Vertragsverhandlungen nicht. Es kann auch keinen Unterschied machen, ob sie hierbei etwas mehr oder weniger höflich auftreten und ob sie mehr oder weniger Siegeszuversicht zur Schau tragen. Gehen sie jedoch noch einen Schritt weiter, stellen sie ein Übel in Aussicht, das nicht bloß daraus resultiert, daß sie die Bedingungen des Unternehmers nicht annehmen, so machen sie sich allerdings der Drohung im Sinne des § 253 des Strafgesetzbuches schuldig, z. B. sie erklären: „Wenn Sie uns nicht 10 Pfennig pro Tag mehr Lohn zahlen, so zeigen wir Sie wegen Majestätsbeleidigung an". Hierin würde, auch wenn die Denunziation begründet wäre, zweifellos eine Erpressung liegen. Im Einzelfalle kann es sehr zweifelhaft sein, ob ein mit der Nichteingehung des Vertrages nicht in unmittelbarem Zusammenhange stehendes Übel in Aussicht gestellt ist. Sehr schwierig ist der Fall der Sperre und des Boykotts zu beurteilen. Erklären z. B. die Vertreter der streikenden Gewerkschaften dem betreffenden Unternehmer, mit

---

[1]) „Es sind die Angeklagten in höhnischer und dreister Weise mit der einseitigen Aufforderung und Ankündigung gegenübergetreten, daß der geforderte Arbeitslohn noch an demselben Tage bis Nachmittag an die Lohnkommission auszuzahlen sei, widrigenfalls von den Arbeitern gestreikt würde (oder widrigenfalls die Arbeit von den Arbeitern am nächsten Morgen nicht wieder aufgenommen würde)".

dem sie in Unterhandlung stehen, sie würden schon dafür Vorsorge treffen, daß er weder von organisierten, noch von unorganisierten Arbeitern Ersatz erhielte, so weisen sie damit nicht bloß hin auf die notwendigen Folgen der Weigerung ihrer Auftraggeber, die Bedingungen des Unternehmers anzunehmen, sondern sie stellen ein hiermit nicht unmittelbar im Zusammenhang stehendes Übel, das durch besondere Vorkehrungen, wie Annoncen in den Blättern erst hervorgerufen werden soll, in Aussicht. Dasselbe gilt bezüglich des Boykotts: erklären z. B. die streikenden Brauer, sie würden im Falle der Ablehnung ihrer Forderungen es mit allen Mitteln durchzusetzen suchen, daß die Brauerei ihr Bier nicht mehr verkaufen könne, so ist es ziemlich klar, daß sie damit ein Übel in Aussicht stellen, das mit dem Eingehen oder Nichteingehen des Arbeitsvertrages in gar keinem Zusammenhang steht.

Auch eine Bestrafung wegen Nötigung kann die Arbeiter infolge ihrer Verhandlungen mit den Unternehmern treffen. Bei der Nötigung ist die Erlangung eines rechtswidrigen Vermögensvorteils als Motiv nicht Tatbestandsmerkmal, es kann daher auch bei reinen Machtstreiks eine Verurteilung wegen Nötigung erfolgen, dagegen ist das genannte Delikt, wie schon gesagt, insofern enger, als Drohung mit einem Verbrechen oder Vergehen vorliegen muß. Hauptsächlich dürfte bei Streiks das Vergehen der Beleidigung in Frage kommen. § 240 des Strafgesetzbuchs würde also Anwendung finden müssen, wenn die Arbeiter dem Unternehmer erklärten: „Wenn Sie den Werkmeister X. nicht sofort entlassen, oder die Fabrikordnung in diesem oder jenem Punkte ändern, so werden wir in unseren Blättern erklären, daß sie ein ganz gemeiner Menschenschinder sind“.

Zum Schlusse erübrigt es sich noch, auf die civilrechtlichen Folgen, welche die im Streikkampfe angewandten Mittel eventuell nach sich ziehen können, mit wenigen Worten einzugehen.[1]) Soweit nach dem Gesagten Erpressung und Nötigung

---

[1]) Siehe Liechti, „Die Verrufserklärungen im modernen Erwerbsleben, speziell Boykott und Arbeitersperre“, Zürich 1897.

in Frage kommen, können die auf Grund solcher unzulässiger Einwirkungen abgeschlossenen Verträge nach § 123 des Bürgerlichen Gesetzbuchs vom Gegner angefochten werden, auch ist eine Verurteilung zum Schadensersatze auf Grund des § 823 Absatz 2 des Bürgerlichen Gesetzbuchs[1]) in Verbindung mit §§ 240, 253 des Strafgesetzbuches möglich.

Soweit also nach dem Gesagten der Tatbestand der Erpressung oder Nötigung vorliegt, besteht ein Ersatzanspruch gegen den Täter, denn die Strafgesetze der §§ 240 und 253 des Strafgesetzbuches bezwecken zweifellos den Schutz des Genötigten. Darüber hinausgehend gewährt der § 823 Absatz 1 des Bürgerlichen Gesetzbuches einen noch weitergehenden Ersatzanspruch, indem die Freiheit ausdrücklich unter die dort aufgezählten Individualrechte aufgenommen ist. Unter Freiheit ist nicht nur die Summe der durch die einschlägigen Strafandrohungen, wie Freiheitsentziehung, Nötigung, Erpressung u.s.w. geschützten Rechtsgüter, sondern die ungestörte Willensbetätigung überhaupt, auch soweit sie nicht durch Strafgesetze geschützt wird, zu verstehen.[2])

Wenn also z. B. die Arbeiter den Unternehmer vor die Wahl stellen würden: entweder den mißliebigen Werkmeister X. zu entlassen oder von ihnen wegen einer begangenen Straftat angezeigt zu werden, so läge ein Strafvergehen nicht vor. Zur Erpressung fehlt das Tatbestandsmerkmal der Gewinnsucht und zur Nötigung das Mittel der Gewalt oder der Drohung mit einem Verbrechen oder Vergehen. Trotzdem würde eine Schadensersatzpflicht sich aus § 823 Absatz 1 des Bürgerlichen

---

[1]) § 823. Wer vorsätzlich oder fahrlässig das Leben, den Körper, die Gesundheit, die Freiheit, das Eigentum oder ein sonstiges Recht eines Andern widerrechtlich verletzt, ist dem Anderen zum Ersatze des daraus entstehenden Schadens verpflichtet.

Die gleiche Verpflichtung trifft denjenigen, welcher gegen ein den Schutz eines Anderen bezweckendes Gesetz verstößt. Ist nach dem Inhalt des Gesetzes ein Verstoß gegen dieses auch ohne Verschulden möglich, so tritt die Ersatzpflicht nur im Falle des Verschuldens ein.

[2]) Ebenso v. Liszt, „Die Deliktsobligationen im System des Bürgerlichen Gesetzbuches“, Berlin 1898, S. 24.

Gesetzbuches ergeben, denn in obiger Drohung wäre eine unzulässige Einwirkung auf fremde Willensbetätigung, mithin eine Verletzung der „Freiheit“ im Sinne des Bürgerlichen Gesetzbuches zu erblicken.

Es erhebt sich schließlich die Frage, ob sich ein Schadensersatzanspruch auch an solche Streikkampfmittel knüpft, die weder eine Übertretung eines der erwähnten Strafgesetze, noch die Verletzung des Individualrechts der Freiheit enthalten. Solche Fälle lassen sich wohl denken. Es wird z. B. über einen Unternehmer die Sperre oder der Boykott verhängt, ohne daß ihm diese Maßregeln oder ein anderes Übel vorher angedroht wären.

Soweit hierin nicht zugleich eine Verletzung der Ehre des Unternehmers liegt und daher entweder § 824 des Bürgerlichen Gesetzbuches oder § 823 Absatz 2 des Bürgerlichen Gesetzbuches in Verbindung mit §§ 185 ff. des Strafgesetzbuches anzuwenden sind, kommt allein § 826 des Bürgerlichen Gesetzbuches[1]) in Frage. Denn wie sich aus der Vorgeschichte und der Systematik des Gesetzbuches ergibt, ist der Kreis der im § 823 Absatz 1 des Bürgerlichen Gesetzbuches aufgezählten Individualrechte ein geschlossener. Es ist unzulässig, den Schutz des § 823 auch auf andere Rechtsgüter, welche keine subjektiven Rechte im strengeren Sinne sind, auszudehnen. Man darf daher nicht etwa, der französischen Praxis folgend, ein Individualrecht des ungestörten Gewerbebetriebes konstruieren und dann aus der vorsätzlichen oder fahrlässigen Verletzung dieses Rechts einen Schadensersatzanspruch ableiten.[2]) Nach dem Bürgerlichen Gesetzbuche kann vielmehr bei Boykott und Sperre nur die vorsätzliche gegen die guten Sitten verstoßende Schadenszufügung in Frage kommen.

Der § 826 des Bürgerlichen Gesetzbuches unterscheidet

---

[1]) § 826. „Wer in einer gegen die guten Sitten verstoßenden Weise einem Anderen vorsätzlich Schaden zufügt, ist dem Anderen zum Ersatze des Schadens verpflichtet.“

[2]) Übereinstimmend Planck zu § 823, Band II, S. 606 und die dort zitierten. Dagegen v. Liszt, „Deliktsobligationen“, S. 22. — Siehe auch Code civil, Artikel 1382 und §§ 8 und 10 des Allgemeinen Landrechts, I, 6.

sich vom § 823 des Bürgerlichen Gesetzbuches dadurch, daß er stets Vorsatz erfordert, während § 823 Absatz 1 immer, Absatz 2 regelmäßig Fahrlässigkeit mit umfaßt. Ferner ist bei § 826 notwendig, daß sich der Vorsatz auch auf die Schadenszufügung erstreckt. Der Handelnde muß also vorhergesehen haben, daß der Schaden entstehen würde. Dieses Erfordernis ist richtiger Ansicht nach sonst nicht vorhanden.

Andererseits ist § 826 insofern außerordentlich weit, als er jede sittenwidrige Schadenszufügung umfaßt. Damit ist dem Civilrichter ein sehr weitgehendes freies Ermessen eingeräumt und ihm eine schwere Aufgabe gestellt worden. Es läßt sich nicht leugnen, daß innerhalb des Deutschen Reichs die Ansichten darüber, was gegen die guten Sitten verstößt, in den verschiedenen Gegenden und Bevölkerungsklassen sehr weit auseinandergehen. Das zeigt sich so recht bei der vorliegenden Frage, bei der Beurteilung des Boykott. Ein Arbeiter, welcher von einem Unternehmer-Syndikat auf die schwarze Liste gesetzt und dadurch völlig brotlos geworden ist, würde zweifellos in dieser Maßregel einen groben Verstoß gegen die guten Sitten sehen, während die Unternehmer nur ihr Recht, ihre Gehilfen nach freiem Belieben zu wählen, auszuüben glauben. Andererseits würde ein von Arbeiterkoalitionen geboykotteter, dem wirtschaftlichen Ruin naher Unternehmer rasch bereit sein, sich auf § 826 des Bürgerlichen Gesetzbuches zu berufen, während die Arbeiterverbände in einer derartigen Civilklage aller Wahrscheinlichkeit nach ein Attentat gegen ihr Koalitionsrecht erblicken würden. Wie aber soll der Richter entscheiden?

Es muß daran festgehalten werden, daß durch den § 826 des Bürgerlichen Gesetzbuches der mit unserer individualistischen Gesellschaftsordnung notwendig verknüpfte wirtschaftliche Kampf keineswegs unterbunden, sondern nur vor Ausschreitungen bewahrt werden sollte. Durch § 826 des Bürgerlichen Gesetzbuches sollte nicht schlechthin verboten werden, im Konkurrenzkampfe dem Gegner vorsätzlich Schaden zuzufügen, um ihn zu einem bestimmten Tun oder Unterlassen zu nötigen. Nur wenn hierbei ein Verhalten, das von jedem anständig und rechtlich denkenden Menschen verpönt werden muß, eingeschlagen würde, sollte die Ersatzpflicht eintreten.

Hierbei darf nicht ein einzelnes Moment in einseitiger Weise in den Vordergrund geschoben werden, sondern es müssen alle in Betracht kommenden Umstände des einzelnen Falles gewürdigt werden. Es muß einerseits festgestellt werden. welche Nachteile dem Verletzten zugefügt sind, andererseits muß berücksichtigt werden, welche berechtigten Interessen der Schädigende verficht. Nur wenn der zugefügte Schaden zu den verteidigten Interessen in einem exorbitanten Mißverhältnis steht, würde ich das Verhalten des Schädigers als gegen die guten Sitten verstoßend ansehen.

An und für sich verstoßen daher weder der von den Arbeitern gegen einzelne Unternehmer verhängte Boykott oder die Sperre, noch die sogenannten schwarzen Listen der Unternehmerverbände gegen § 826 des Bürgerlichen Gesetzbuches. Der einzelne Fall kann jedoch anders liegen. Ein Unternehmer wird z. B. deshalb, weil er frivole Forderungen der Arbeiter zurückgewiesen hat, durch Boykott von jedem Verkehr mit der Außenwelt abgesperrt und geht wirtschaftlich zu Grunde — ein Fall, der bei der heutigen Machtlage kaum vorkommen dürfte — oder ein Arbeiter wird, weil er einem bestimmten Gewerkverein angehört, von einem mächtigen Unternehmerverbande mit einem solchen Erfolge auf die schwarze Liste gesetzt, daß er dauernd nirgends eine seinen Fähigkeiten entsprechende Arbeit finden kann. In solchen Fällen würde ich allerdings § 826 des Bürgerlichen Gesetzbuches für anwendbar erachten.[1])

Besonders hervorzuheben ist der Umstand, daß nach dem Bürgerlichen Gesetzbuch im Gegensatz zum Code civil nur der Ersatz des Vermögensschadens verlangt werden kann. Hat

---

[1]) Abweichend Brückmann, Juristische Wochenschrift, Band 31, S. 626 ff., welcher in den schwarzen Listen als solchen schlechthin einen Verstoß gegen die guten Sitten erblickt. Siehe Entscheidungen des Reichsgerichts in Civilsachen, Urteil vom 25. Juni 1889, Band 28, S. 238; Urteil vom 29. Mai 1902, Band 51, S. 382; Urteil vom 26. März 1903, Deutsche Juristenzeitung, Band 8, S. 249.

also ein Unternehmer, dem im übrigen aus irgend einem der obigen Tatbestände ein Ersatzanspruch zustehen würde, viel Ärger und Verdruß erduldet, ist aber ein Vermögensschaden nicht nachweisbar, so geht er leer aus: sein dommage moral wird ihm nicht vergütet.

Insoweit nach dem Gesagten ein Schadensersatzanspruch gegeben ist, insoweit kann auch auf Unterlassung des rechtswidrigen Verhaltens in der Zukunft geklagt werden. Diese Regel gilt nicht nur bei der Verletzung eines subjektiven Rechts, sondern auch dann, wenn abgesehen hiervon die Voraussetzungen der Deliktshaftung vorliegen. Auch § 826 des Bürgerlichen Gesetzbuches macht keine Ausnahme: es kann demnach auch auf Unterlassung einer vorsätzlich illoyalen Handlung von seiten des mit Schaden Bedrohten geklagt werden. Voraussetzung bleibt nur, daß bereits illoyale Handlungen im Sinne des § 826 des Bürgerlichen Gesetzbuches begangen worden sind und daß weitere derartige Verletzungen der guten Sitte in der Zukunft zu befürchten sind.[1])

§ 5.

Die Reformbedürftigkeit des Koalitionsrechts.[2])

Was die Reformbedürftigkeit des Koalitionsrechts angeht, so ist vor allem zu wünschen, daß § 152 der Gewerbeordnung von den Beschränkungen befreit wird, welche ihm noch anhängen, also Ausdehnung auf Streiks aller Art, auch auf Machtstreiks. Die Beschränkung auf reine Lohnstreiks ist innerlich nicht gerechtfertigt. Das Interesse der Arbeiter, auch in anderen Fragen, abgesehen von reinen Lohnfragen, ihrem Willen durch

---

[1]) Ebenso Entscheidungen des Reichsgerichts in Civilsachen, Band 48, S. 118 ff. Urteil vom 11. April 1901.

[2]) Siehe die Verhandlungen der am 23. bis 25. September 1899 in Köln abgehaltenen Versammlung des Vereins für Sozialpolitik über die Handhabung des Vereins- und Koalitionsrechtes der Arbeiter im Deutschen Reiche, insbesondere das Referat von E. Löhning, Leipzig 1898.

Koalierung Nachdruck zu verleihen, ist mindestens ebenso schutzwürdig wie die Geldfrage. Ferner muß § 152 der Gewerbeordnung auch auf diejenigen Gewerbe ausgedehnt werden, deren Arbeiter bisher des reichsrechtlichen Koalitionsrechts ermangelten, also auf die Eisenbahnangestellten, die Seeleute, die landwirtschaftlichen Arbeiter, das Gesinde.

Wenn oft eingewendet wird, daß durch die Gewährung des uneingeschränkten Koalitionsrechts an die Eisenbahnarbeiter und Seeleute die Streikgefahr in diesen für die Gesamtheit so überaus wichtigen Betrieben verstärkt und dadurch das Gemeinwohl geschädigt würde, so wird hierbei übersehen, daß gerade unorganisierte Arbeiter am meisten vom Streikfieber befallen werden, während die starken, einflußreichen Gewerkvereine Arbeitseinstellungen leicht verhindern, weil sie die Arbeiter an Disziplin gewöhnen. Außerdem würde ein Koalitionsverbot doch nur dazu führen, daß die verbotenen Vereine im Geheimen weiter existierten und gerade dadurch dem Radikalismus umsomehr anheimfielen. Vollends ist es durch nichts gerechtfertigt, den ländlichen Arbeitern und dem Gesinde das Koalitionsrecht vorzuenthalten, während man es den Arbeitgebern gewährt. Es liegt hierin eine außerordentliche Bevorzugung der Unternehmer, insbesondere des ländlichen Großgrundbesitzes, denn durch diese Beschränkung sind die Arbeiter den Arbeitgebern im Lohnkampf hintenangesetzt. Man kann diese ungleiche Behandlung auch nicht durch Berufung auf die sog. Leutenot rechtfertigen. Die Abneigung der Arbeiter gegen das Landleben wird dadurch, daß den Landarbeitern ein so wichtiges Grundrecht wie die Koalitionsfreiheit vorenthalten wird, nicht gehoben, sondern vergrößert.

Aber mit der Ausdehnung des § 152 der Gewerbeordnung allein ist es nicht geschehen, endlich muß auch das in Artikel 4 Ziffer 16 der Reichsverfassung in Aussicht gestellte Reichsvereinsgesetz zur Wahrheit werden. Es ist bedauerlich, daß noch immer, fast ein Menschenalter seit Wiederaufrichtung des Deutschen Reiches, auf diesem Gebiete eine halb komische, halb klägliche Rechtszersplitterung herrscht, als ob wir noch immer in den Zeiten lebten, wo die Geschicke des deutschen

Volkes in der Eschenheimer Gasse zu Frankfurt a. Main und nicht vielmehr im inschriftlosen Hause am Königsplatz entschieden würden.

Als Grundlage kommt allein das Repressivsystem sowohl für Vereine, als für Versammlungen in Frage. Das Preußische Gesetz vom 11. März 1850 könnte im wesentlichen als Ausgangspunkt dienen. Nur müßte der Torso des § 8, also die Bestimmung, daß Frauen, Schüler und Lehrlinge weder Mitglieder politischer Vereine werden, noch an den Versammlungen solcher Vereine teilnehmen dürfen, in Wegfall kommen. Die Vorschrift des § 8a l. c. paßt auf die sozialen Zustände der Gegenwart, wie die Faust aufs Auge: heutzutage, wo auch die Frau mehr und mehr in den Kampf ums Dasein hineingezogen wird, wo die Frauenbewegung immer größere Fortschritte macht, ist es einfach ein Unding, die Frau aus solchen Vereinen und Versammlungen auszuschließen, in welchen eine Einwirkung auf Gesetzgebung und Verwaltung beabsichtigt wird.

Gerade für die Gewerkschaftsbewegung ist jener Paragraph verhängnisvoll; er macht es den Arbeiterinnen in der Praxis fast unmöglich, sich der Gewerkschaftsbewegung anzuschließen. Freilich schützt auch sie der § 152 der Gewerbeordnung, aber treten sie in einen Berufsverein, so ist dieser der Auflösung verfallen, sobald er anfängt, sich irgendwie mit Politik zu beschäftigen. Es ist darum geboten, diese Bestimmung sobald wie möglich zu beseitigen.

Was die civilrechtlichen Fragen angeht, so ist die Bestimmung des § 152 Absatz 2 der Gewerbeordnung, durch welche die civilrechtlichen Verpflichtungen der Mitglieder untereinander zu rein naturalen herabgedrückt werden, zu verwerfen. Durch diese Vorschrift wird den Gewerkvereinen die solide juristische Grundlage genommen, es wird ihnen erschwert, sich wirtschaftlich zu konsolidieren, was an sich wenig zu wünschen ist, da finanziell starke Berufsvereine erfahrungsmäßig die geringste Neigung haben, sich in frivole, aussichtslose Streiks einzulassen.

Weit schädlicher aber noch, als diese Vorschrift ist der § 61 des Bürgerlichen Gesetzbuches, wonach die Verwaltungsbehörden gegen die Eintragung eines idealen Vereins Einspruch erheben können, wenn der Verein einen politischen, sozialpolitischen oder religiösen Zweck verfolgt. Ein derartiges diskretionäres Einspruchsrecht der Verwaltungsbehörden, welches im Rahmen unseres vom Normativsystem beherrschten Privatrechts als Anomalie erscheint, wird nur zu leicht als Klassenjustiz empfunden und ist jedenfalls gänzlich ungeeignet, einen sicheren Rechtszustand zu schaffen.

Es wird nun freilich eingewendet, der Staat dürfe Vereinen, welche, wie die sozialdemokratischen Berufsvereine, die herrschende Staats- und Gesellschaftsordnung prinzipiell angriffen, nicht den großen Machtzuwachs, den sie durch Erlangung des Charakters der juristischen Person gewinnen würden, gewähren. Wenn man aber, ohne sich vom roten Gespenst ängstigen zu lassen, der Sache juristisch auf den Grund geht, so wird man finden, daß es nicht ersichtlich ist, inwiefern der Staat oder das Gesamtwohl dadurch Schaden nehmen könnte, daß die Gewerkvereine die Möglichkeit erhielten, juristische Personen zu werden. Auch jetzt können sie als nichtrechtsfähige Vereine Vermögen sammeln, indem sie Inhaberpapiere oder blankoindossierte Wechsel für sich erwerben. Der Grundbuchverkehr ist ihnen allerdings versperrt, legen sie hierauf aber Wert, wollen sie z. B. eine Hypothek erwerben, so müssen sie sich einen Treuhänder bestellen. Wenn sie sich aber hierauf nicht einlassen mögen, weil das Kapital erheblich und daher das Risiko zu groß ist, so können sie sich als Gesellschaftung mit beschränkter Haftung konstituieren, hiergegen steht der Verwaltungsbehörde kein Einspruchsrecht zu.

Im Gegenteil ist es für das Gemeinwohl nur wünschenswert, wenn die Zahl der nichtrechtsfähigen Vereine dieser proteischen Rechtsgebilde nach Möglichkeit vermindert wird. Wie auch Eck in seinen Vorlesungen Seite 79ff. hervorhebt, sind die Bestimmungen des Bürgerlichen Gesetzbuches über diese Materie nicht glücklich und geben zu vielen Unklarheiten Anlaß. Dadurch, daß man den nichtrechtsfähigen Vereinen die aktive Parteifähigkeit nahm, hat man nicht nur sie selbst fast rechtlos gemacht, sondern man hat auch ihre Gläubiger geschädigt, man braucht nur an den Fall zu denken, daß ein Gläubiger eine dem Verein zustehende Forderung gepfändet hat. Kann er sie einklagen?

Es ist deshalb nicht nur im Interesse des einzelnen Vereins, sondern auch im Gesamtwohl nur dringend zu wünschen, daß es den Gewerkvereinen nicht erschwert werden möchte, juristische Personen zu werden. Hoffentlich wird die Bestimmung des § 61 des Bürgerlichen Gesetzbuches beseitigt werden, wenn der Reichstag in der nächsten Legislaturperiode über ein Gewerkvereinsgesetz zu beschließen haben wird.

Gewährt man in dieser Weise ein unbeschränktes Koalitionsrecht, so muß man auch, soll das Koalitionsrecht nicht in einen Koalitionszwang ausarten, dafür Sorge tragen, daß alle diejenigen, die sich einem Verbande nicht anschließen oder einen Streik nicht mitmachen wollen, in ihrer freien Willensbestimmung geschützt werden. Ein energischer Schutz der Arbeitswilligen ist ein dringendes Gebot eines jeden Rechtsstaates. Ich kann mich der von Sombart „Dennoch", Seite 75 vertretenen Ansicht[1]), daß die Verrufserklärung der Gewerkveine gegen die außenstehenden Arbeiter ein zulässiges, ja notwendiges Kampfmittel sei, nicht anschließen. Damit wäre die große Masse der nichtorganisierten Arbeiter der Willkür der Gewerkvereine und ihrer Führer völlig preisgegeben. Das Koalitionsrecht wäre vernichtet und an seine Stelle träte der Terrorismus der Arbeitervereine.

Es könnte eingewendet[2]) werden, daß es besonderer Bestimmungen zum Schutze der Arbeitswilligen gar nicht bedürfe, weil die allgemeinen Strafgesetze vollständig ausreichten, auch sei es unzulässig, eine Handlung, welche an sich straflos sei, deshalb unter Strafe zu stellen, weil sie gelegentlich der Ausübung des Koalitionsrechts vorgenommen sei, darum müsse § 153 der Gewerbeordnung aufgehoben werden. Der letztere

---

[1]) „Will man einer Korporation die Verrufserklärung unmöglich machen, so entzieht man ihr ihr wesentlichstes Schutz- und Verteidigungsmittel gegen die sie in ihrem Bestande angreifenden Elemente."

[2]) Siehe Brentano, „Schutz der Arbeitswilligen", S. 26.

Finwand läuft auf ein petitio principii hinaus: es fragt sich ja gerade, ob eine besondere Strafandrohung Platz zu greifen hat.

Diese Frage ist nach meiner Ansicht zu bejahen. Die Arbeitswilligen sind durch die allgemeinen Strafgesetze nicht genügend geschützt. Es ist daran zu erinnern, daß die Nötigung nur dann strafbar ist, wenn Drohung mit einem Verbrechen oder Vergehen als Mittel angewendet wird, daß also die Drohung mit anderen Übeln nicht ausreicht. Noch wichtiger ist der Umstand, daß Beleidigung, Körperverletzung und Sachbeschädigung nur auf Antrag verfolgbar sind, daß aber die Arbeitswilligen erfahrungsmäßig zu eingeschüchtert sind, um die Stellung des Strafantrages zu wagen. Eine spezielle Regelung dieser Materie erscheint erwünscht.

Eine solche wurde durch den Gesetzentwurf „zum Schutze des gewerblichen Arbeitsverhältnisses" vom Jahre 1899 unternommen, nachdem schon durch die Novelle vom 6. Juli 1890 eine Erweiterung des § 153 der Gewerbeordnung beantragt, vom Reichstag aber nicht angenommen worden war.[1])

---

[1]) § 153 der Gewerbeordnung in der in der Gesetzesvorlage vom 6. Juli 1890 vorgeschlagenen Fassung:

Wer es unternimmt, durch Anwendung körperlichen Zwanges, durch Drohungen, durch Ehrverletzungen oder durch Verrufserklärung

1. Arbeiter oder Arbeitgeber zur Teilnahme an Verabredungen der im § 152 bezeichneten Art zu bestimmen oder am Rücktritt von solchen Verabredungen zu hindern,
2. Arbeiter zur Einstellung der Arbeit zu bestimmen oder an der Fortsetzung oder Annahme der Arbeit zu hindern,
3. Arbeitgeber zur Entlassung von Arbeitern zu bestimmen oder an der Annahme von Arbeitern zu hindern,

wird mit Gefängnis nicht unter einem Monat bestraft. Ist die Handlung gewohnheitsmäßig begangen, so tritt Gefängnisstrafe nicht unter einem Jahr ein.

Die gleichen Strafvorschriften finden auf denjenigen Anwendung, welcher Arbeiter zur widerrechtlichen Einstellung der Arbeit oder Arbeitgeber zur widerrechtlichen Entlassung von Arbeitern öffentlich auffordert.

Entwurf eines Gesetzes zum Schutze des gewerblichen Arbeitsverhältnisses.

§ 1.

Wer es unternimmt, durch körperlichen Zwang, Drohung, Ehrverletzung oder Verrufserklärung Arbeitgeber oder Arbeitnehmer zur Teilnahme an Vereinigungen und Verabredungen, die eine Einwirkung auf Arbeits- und Lohnverhältnisse bezwecken, zu bestimmen, oder von der Teilnahme an solchen Vereinigungen oder Verabredungen abzuhalten, wird mit Gefängnis bis zu einem Jahre bestraft.

Sind mildernde Umstände vorhanden, so ist auf Geldstrafe bis zu eintausend Mark zu erkennen.

§ 2.

Die Strafvorschriften des § 1 finden auch auf denjenigen Anwendung, welcher es unternimmt, durch körperlichen Zwang, Drohung, Ehrverletzung oder Verrufserklärung

1. zur Herbeiführung oder Förderung einer Arbeiteraussperrung Arbeitgeber zur Entlassung von Arbeitern zu bestimmen oder an der Annahme oder Heranziehung solcher zu hindern,
2. zur Herbeiführung oder Förderung eines Arbeiterausstandes Arbeitnehmer zur Niederlegung der Arbeit zu bestimmen oder an der Annahme oder Aufsuchung von Arbeit zu hindern,
3. bei einer Arbeiterausperrung oder einem Arbeiterausstande die Arbeitgeber oder Arbeitnehmer zur Nachgiebigkeit gegen die dabei vertretenen Forderungen zu bestimmen.

§ 3.

Wer es sich zum Geschäft macht, Handlungen der in den §§ 1, 2 bezeichneten Art zu begehen, wird mit Gefängnis nicht unter drei Monaten bestraft.

§ 4.

Dem körperlichen Zwange im Sinne der §§ 1 bis 3 wird die Beschädigung oder Vorenthaltung von Arbeitsgerät, Arbeitsmaterial, Arbeitserzeugnissen oder Kleidungsstücken gleichgeachtet.

Der Drohung im Sinne der §§ 1 bis 3 wird die planmäßige Überwachung von Arbeitgebern, Arbeitnehmern, Arbeitsstätten, Wegen, Straßen, Plätzen, Bahnhöfen, Wasserstraßen, Hafen- und sonstigen Verkehrsanlagen gleichgeachtet.

Eine Verrufserklärung oder Drohung im Sinne der §§ 1 bis 3 liegt nicht vor, wenn der Täter eine Handlung vornimmt, zu der er berechtigt ist, insbesondere wenn er befugterweise ein Arbeits- oder Dienstverhältnis ablehnt, beendigt oder kündigt, die Arbeit einstellt, eine Arbeitseinstellung oder Aussperrung fortsetzt, oder wenn er die Vornahme einer solchen Handlung in Aussicht stellt.

§ 5.

Wird gegen Personen, die an einem Arbeiterausstand oder an einer Arbeiteraussperrung nicht oder nicht dauernd teilnehmen oder teilgenommen haben, aus Anlaß dieser Nichtbeteiligung eine Beleidigung mittels Tätlichkeit, eine vorsätzliche Körperverletzung oder eine vorsätzliche Sachbeschädigung begangen, so bedarf es zur Verfolgung keines Antrages.

§ 6.

Wer Personen, die an einem Arbeiterausstand oder einer Arbeiteraussperrung nicht oder nicht dauernd teilnehmen oder teilgenommen haben, aus Anlaß dieser Nichtbeteiligung bedroht oder in Verruf erklärt, wird mit Gefängnis bis zu einem Jahre bestraft.

Sind mildernde Umstände vorhanden, so ist auf Geldstrafe bis zu eintausend Mark zu erkennen.

§ 7.

Wer an einer öffentlichen Zusammenrottung, bei der eine Handlung der in den §§ 1 bis 6 bezeichneten Art mit vereinten Kräften begangen wird, teilnimmt, wird mit Gefängnis bestraft.

Die Rädelsführer sind mit Gefängnis nicht unter drei Monaten zu bestrafen.

§ 8.

Soll in den Fällen der §§ 1, 2, 4 ein Arbeiterausstand oder eine Arbeiteraussperrung herbeigeführt oder gefördert werden und ist der Ausstand oder die Aussperrung mit Rücksicht auf die Natur oder Bestimmung des Betriebes geeignet, die Sicherheit des Reiches oder eines Bundesstaates zu gefährden oder eine gemeine Gefahr für Menschenleben oder für das Eigentum herbeizuführen, so tritt Gefängnisstrafe nicht unter einem Monat, gegen die Rädelsführer Gefängnisstrafe nicht unter sechs Monaten ein.

Ist infolge des Arbeiterausstandes oder der Arbeiteraussperrung eine Gefährdung der Sicherheit des Reiches oder eines Bundesstaates eingetreten oder eine gemeine Gefahr für Menschenleben oder das Eigentum herbeigeführt worden, so ist auf Zuchthaus bis zu drei Jahren, gegen die Rädelsführer auf Zuchthaus bis zu fünf Jahren zu erkennen.

Sind in den Fällen des Abs. 2 mildernde Umstände vorhanden, so tritt Gefängnisstrafe nicht unter sechs Monaten, für die Rädelsführer Gefängnisstrafe nicht unter einem Jahre ein.

§ 9.

Soweit nach diesem Gesetze eine gegen einen Arbeitgeber gerichtete Handlung mit Strafe bedroht ist, findet die Strafvorschrift auch dann Anwendung, wenn die Handlung gegen einen Vertreter des Arbeitgebers gerichtet ist.

§ 10.

Die Vorschriften dieses Gesetzes finden Anwendung

1. auf Arbeits- und Dienstverhältnisse, die unter den § 152 der Gewerbeordnung fallen,
2. auf alle Arbeits- oder Dienstverhältnisse in solchen Reichs-, Staats- oder Kommunalbetrieben, die der Landesverteidigung, der öffentlichen Sicherheit, dem öffentlichen Verkehr oder der öffentlichen Gesundheitspflege dienen,
3. auf alle Arbeits- und Dienstverhältnisse in Eisenbahnunternehmungen.

§ 11.

Der § 153 der Gewerbeordnung wird aufgehoben.

Der Entwurf litt, abgesehen von seinen juristisch-technischen Mängeln,[1]) an zwei sozialpolitischen Grundfehlern: einmal regelt er das Koalitionsproblem nur nach der negativen, nicht nach der positiven Seite, er stellte weitgehende strafrechtliche Tatbestände gegen den Mißbrauch des Koalitionsrechts auf, er unterließ es aber völlig, auch nach der positiven Seite hin dem Koalitionsrechte die notwendige Ausdehnung zu geben, zweitens ging der Entwurf, was die Zahl und den Umfang der Strafrechtstatbestände und was die Höhe der angedrohten Strafen anlangt, über das Gebotene weit hinaus.

Der Entwurf wurde dann auch vom Reichstag, ohne auch nur einer Kommissionsberatung gewürdigt zu werden, mit großer Majorität abgelehnt.

Trotz dieses vollständigen Mißerfolges erscheint ein zweiter Versuch der reichsgesetzlichen Regelung der Koalitionsfrage und des Schutzes des Arbeitsverhältnisses geboten: nur müssen die Fehler des Entwurfs von 1899 vermieden werden. Deshalb ist neben dem Schutze der Arbeitswilligen auch die Ausdehnung des Koalitionsrechts, wie sie im vorigen Abschnitt dieser Arbeit gefordert ist, in den neuen Entwurf aufzunehmen.

Der § 153 der Gewerbeordnung wäre wohl geeignet, als Grundlage zu dienen, wenn er der ihn einengenden Bestimmungen entkleidet würde. Es ist ein Mangel des § 153 der Gewerbeordnung, daß er nur den Zwang zum Eintritt und Nichtaustritt bezüglich der im § 152 der Gewerbeordnung erwähnten Vereine bestraft. Er greift also, wie schon oben ausgeführt, weder Platz, wenn es sich um Machtstreiks handelt, noch auch wenn andere als die in der Gewerbeordnung geregelten Gewerbe in Frage kommen. Auch wird nur der Zwang zum Beitritt zu Verabredungen, nicht auch der Zwang zum Streik unter Strafe gestellt werden. In all den drei Punkten wäre § 153 der Gewerbeordnung auszudehnen. Aber es müßte nicht nur der Zwang zum Eintritt und Nicht-Austritt, sondern auch der unzulässige Zwang zum Nichteintritt oder

---

[1]) Siehe hierzu die Artikel in der Deutschen Juristenzeitung, Band IV von Jastrow S. 251, von v. Lilienthal S. 425 ff. und von Stenglein S. 429 ff.

Austritt aus dem Verein bestraft werden. Wie diejenigen, welche sich einer Verbindung nicht anschließen wollen, so müssen auch die Arbeiter, welche sich organisieren wollen, in ihrer Freiheit geschützt werden. Durch eine derartige Bestimmung würden junge, schwache Gewerkvereine gegen solche Unternehmer, welche prinzipiell darauf ausgehen, das Koalitionsrecht der Arbeiter in der Praxis illusorisch zu machen, gedeckt werden.[1])

Ferner dürfte es sich noch empfehlen, den im § 153 der Gewerbeordnung aufgezählten Mitteln des sog. „rattening" hinzuzufügen, man versteht hierunter im Anschluß an § 7 Ziffer 3 der englischen Conspiracy and Protection of Property Act vom 13. August 1875 die vorsätzliche Wegnahme, Vorenthaltung und Beschädigung der Werkzeuge, Kleidungstücke und ähnlicher Gegenstände, welche dem Arbeitswilligen gehören oder von ihm benutzt werden.[2])

Weiter zu gehen in der Aufstellung von Strafrechtstatbeständen, erscheint dagegen nicht geboten. Insbesondere liegt keine Notwendigkeit vor, die im § 153 der Gewerbeordnung aufgezählten Mittel noch weiter auszudehnen, namentlich würde die Einreihung des Streikpostenstehens[3]) unter die unerlaubten Mittel den Arbeitern den Lohnkampf fast unmöglich machen.

Es muß vielmehr den Streikenden die Möglichkeit gewahrt bleiben, durch Postenstehen mit den am Streik Unbeteiligten in Berührung zu kommen, um sie zum Anschluß zu bewegen. Etwaige unzulässige Einwirkungen wären durch die oben vorgeschlagenen Bestimmungen gedeckt.

Sehr wenig empfehlenswert sind die Bestimmungen der §§ 5 und 6 des Entwurfs, wonach eine gegen einen Arbeitswilligen aus Anlaß seiner Nichtbeteiligung am Streike verübte tätliche Beleidigung, vorsätzliche Körperverletzung und vorsätzliche Sachbeschädigung auch ohne Antrag verfolgbar sein und

---

1) Ähnliche Bestimmungen enthielten §§ 1 und 2 Ziff. 1 und 2 des Entwurfs von 1899.

2) Siehe § 4, Absatz 1 des Entwurfs von 1899. Übereinstimmend van der Borght, „Weiterbildung des Koalitionsrechts", S. 48.

3) Dieses tat der Entwurf von 1899 im § 4 Absatz 2.

eine Bedrohung und Verrufserklärung auch dann strafbar sein sollte, wenn sie nur in Anlaß des Streiks und nicht zur Einwirkung des Beitritts gegen den Arbeitswilligen begangen würde. Durch eine derartige Ausdehnung der Strafvorschriften würde ein ehrlicher Friedensschluß zur Beendigung des Streiks sehr erschwert, wenn ein jeder befürchten muß, daß wegen irgend eines unbedachten Wortes, durch das nicht einmal eine Einwirkung auf fremden Willen beabsichtigt war, von Amtswegen gegen ihn eingeschritten werden müßte.

Was den von den Arbeitern auf den Unternehmer ausgeübten Zwang zur Annahme bestimmter Forderungen angeht, so ist § 253 des Strafgesetzbuches derart weit, daß nur eine Einschränkung, nicht eine Erweiterung der Strafbarkeit in Frage kommen kann. § 2 Ziffer 3 des Entwurfs von 1899 wollte allerdings schon jeden durch die Mittel des § 153 der Gewerbeordnung also auch durch Drohung mit einem an sich nicht rechtswidrigen Übel ausgeführten Zwang zur Annahme von Forderungen mit Strafe belegen, dadurch würde aber das Koalitionsrecht der Arbeiter nahezu illusorisch gemacht, denn was sollen sie machen, wenn sie den Unternehmer nicht durch Drohung mit einem Streik zur Nachgiebigkeit zwingen dürfen? Es muß vielmehr der § 253 des Strafgesetzbuches noch weiter eingeschränkt werden.[1]) Am meisten dürfte sich empfehlen, entsprechend dem Betruge das Erfordernis der Vermögensbeschädigung in den Tatbestand der Erpressung aufzunehmen. Es könnte dann in solchen Fällen wenigstens eine Verurteilung wegen Erpressung nicht erfolgen, in denen der Unternehmer durch Drohung zu Arbeitsverträgen genötigt worden wäre, welche zwar für die Arbeiter noch günstiger als die bisherigen sind, andererseits aber in Anbetracht der Konjunktur auch für den Unternehmer als vorteilhaft bezeichnet werden können.

Bezüglich des Strafmaßes empfiehlt es sich, den Strafrahmen des § 153 der Gewerbeordnung sowohl nach oben als nach unten auszudehnen. Namentlich muß auch auf Geldstrafe von

---

[1]) Dieses wurde nicht durch § 4, Absatz 3 des Entwurfs von 1899 erreicht. Denn was dort als erlaubt angeführt wurde, nämlich die Drohung mit Auflösung eines Arbeitsverhältnisses, ist auch nach geltendem Rechte nicht verboten.

3 M. an erkannt werden können, damit die Anomalie, mit §§ 185 und 223 des Strafgesetzbuches beseitigt wird. Für solche, welche es sich zum Geschäft machen, Streikdelikte zu begehen, eine besondere Strafbestimmung zu erlassen, wie es § 3 des Entwurfs wollte, dürfte sich erübrigen, wenn der Strafrahmen nach oben weit genug, etwa bis zu einem Jahre Gefängnis ausgedehnt würde.

Vollends war es durchaus ungerechtfertigt, wenn der Entwurf von 1899 im § 8 Absatz 2 die in den §§ 1, 2 und 4 erwähnten Streikexzesse dann mit Zuchthaus bis zu drei Jahren und gegen Rädelsführer bis zu fünf Jahren bedrohte, wenn infolge des Arbeiterausstandes oder der Arbeitersperre — also nicht bloß infolge der Streikexzesse — eine Gefährdung der Sicherheit des Reiches oder eines Bundesstaates eingetreten oder eine gemeine Gefahr für Menschenleben oder das Eigentum herbeigeführt worden war. Ganz abgesehen davon, daß die erwähnten Begriffe ziemlich unklar und verschwommen sind, daß namentlich jede scharfe Abgrenzung zwischen den beiden Alternativen des ersten und zweiten Absatzes fehlt, so verletzt es jedes Rechtsgefühl, wenn Handlungen, wie Streikexzesse, die in der Hitze des Lohnkampfes entschuldbarer erscheinen, jedenfalls nicht als ehrenrührig angesehen werden, mit der eo-ipso infamierenden Zuchthausstrafe bedroht sein sollen.

Was den Arbeitsvertragsbruch anlangt, so würde ich eine kriminelle Bestrafung schlechthin nicht empfehlen. Freilich kann man gegen die Zulässigkeit einer derartigen Bestrafung nicht einwenden, es handle sich nur um den Schutz von Privatrechten, deren Verteidigung man dem einzelnen überlassen müsse; denn wäre dieser Einwand richtig, so müßte auch z. B. der Diebstahl straflos bleiben. Ob ein Unrecht nur civilrechtliche oder auch strafrechtliche Folgerungen nach sich ziehen soll, muß vielmehr die Kriminalpolitik von Fall zu Fall entscheiden.

Meiner Meinung nach liegt bezüglich der meisten Gewerbe ein öffentliches Interesse dafür, daß die konkreten Arbeitsbedingungen innegehalten werden, nicht vor. Nur betreffend der Eisenbahnangestellten und der im § 10 Ziffer 2 des Entwurfs von 1899 aufgezählten Kategorien, nämlich der Arbeiter, welche in Reichs-, Staats- oder Kommunalbetrieben, die der Landesverteidigung, der öffentlichen Sicherheit, dem öffentlichen Verkehr oder der öffentlichen Gesundheitspflege dienen, beschäftigt sind, möchte ich eine Ausnahme machen. Eine plötzliche Arbeitseinstellung von seiten der in den genannten Betrieben beschäftigten Arbeiter ohne Einhaltung der gebotenen Kündigungsfristen würde für die ganze Volkswirtschaft eine große Gefahr bedeuten. Deshalb ist hier eine kriminelle Strafe geboten. Auch dürfte es sich empfehlen, die Aufforderung zum Vertragsbruch unter Strafe zu stellen, wie der Entwurf von 1890 dieses wollte. Damit würden auch diejenigen Fälle, welche sich nicht unter § 110 des Strafgesetzbuches subsumieren lassen, weil bei ihnen keine Aufforderung zur prinzipiellen Auflehnung gegen das Gesetz, sondern nur eine solche zu konkreten Vertragsverletzungen in Frage kommt, strafrechtlich geahndet werden können.

Wie aber auch die Bestimmungen im einzelnen lauten werden, soviel ist gewiß: ein Reichsgewerkschaftsgesetz wird kommen, denn es muß kommen. Die jetzige Rechtslage ist unhaltbar, es muß die einschlägige Materie erschöpfend geregelt werden. Und ich glaube, nicht zu viel zu sagen, wenn ich eine Lösung nur in der Richtung für möglich halte, daß einerseits den Arbeitern volles, uneingeschränktes Koalitionsrecht in verwaltungs- wie in civilrechtlicher Beziehung gewährt wird, andererseits aber auch alle diejenigen Arbeiter, welche sich den Verbänden nicht anschließen oder am Streike nicht teilnehmen wollen, ausreichend geschützt werden.

Hoffen wir, daß es schon dem nächsten Reichstage vergönnt sein möge, das Gewerkschaftsgesetz zustande zu bringen, damit sich die Arbeiterberufsvereine immer mehr ausdehnen. Das ist nur dringend zu wünschen, denn je mehr sich die Arbeiter mit den praktischen Aufgaben des Gegenwartsstaates beschäftigen, umsoweniger werden sie geneigt sein, den Sirenenstimmen des sozialistischen Utopismus zu folgen.

Druck von Georg Reimer in Berlin.

Kolibri 360 GmbH
Ferdinand-Jühlke-Straße 7
99095 Erfurt, Deutschland
produktsicherheit@kolibri360.de